AN EXCEPTIONAL GIFT

UN REGALO EXCEPCIONAL

This new volume of *An Exceptional Gift* is compiled with some of the most beautiful gems of wisdom brought forth by man throughout the centuries. Those who possess it own the greatest treasure that anyone can have. Keep it, take care of it, read it and read it again as many times as you wish, but above all, when you are sad or discouraged, when you think all doors are closed to you, when you feel the fear of living.

You will then understand the meaning of its title: *An Excepcional Gift.*

Este nuevo volumen de *Un Regalo Excepcional* está formado con algunas de las más bellas joyas de la sabiduría producidas por el hombre a través de los siglos. Quienes lo posean son dueños del más grande tesoro que cualquier hombre pueda tener. Consérvalo, cuídalo, léelo y reléelo cuantas veces quieras, pero sobre todo, cuando sientas que te invade el desánimo o la tristeza, cuando supongas que ante ti se cierran todas las puertas, cuando experimentes el miedo de vivir.

Entonces comprenderás el significado de su título: *Un Regalo Excepcional.*

LOS *LIBROS* HACEN **EDAMEX** *LIBRES* A LOS HOMBRES

HERIBERTO FRÍAS 1104   MÉXICO, D.F. 03100

An Exceptional Gift

Un Regalo Excepcional

English-Spanish edition
Edición Inglés-Español

Compiled by - Compilador

Roger Patrón Luján

¡Gracias!
Thanks!

Alejandro, Enrique, Gloria, Irene, Javier, John, Jorge, Luchi, Manuel, María, Mario, Octavio, Pedro, Tere, Simone, Vera, Víctor.

ÍNDICE

CONTENTS

PRÓLOGO

Conocí hace muchos años a Roger Patrón, cuando no éramos más que unos niños con ideales puestos en los deportes y en los toros. Hijo de padres con valores de excelencia, con la sensible espiritualidad de la gente de Yucatán.

En esa edad uno está en el camino de descubrir ideas que se puedan adoptar y que sirvan de inspiración para la vida diaria, aunque muchas veces cueste trabajo la práctica de las mismas.

La vida nos hizo hermanos, por eso escribir con cariño no cuesta nada... Pero hay que recordar lo que creo es el origen de este esfuerzo.

Cuando fuimos jóvenes, con más capacidad para captar la importancia del factor humano, encontramos, en algunos cursos que impartía el querido maestro Herman Hitz, fórmulas que nos ayudaron a plantear nuestras vidas con más lógica. Muy en especial nuestro amigo Pedro Maus, que gustaba conservar los pensamientos importantes en tarjetas, a veces enmarcadas, para tenerlas en su despacho y en su casa, y poderlas leer a menudo.

La inquietud de Roger lo ha hecho trabajar varias veces en la creación de una compilación como la que ahora nos ocupa, pero considero que ésta es la culminación de su esfuerzo, ya que tiene como objeto transmitir a los demás ideas y pensamientos de grandes hombres y mujeres.

El diseño de *Un Regalo Excepcional* parece sacado del transcurso de la vida; pues sus capítulos sobre *Libertad, Amor, Felicidad, Amistad, La pareja, El amor filial, Educación, Trabajo, Riqueza, Humanidad, Comunicación con Dios* y *Madurez*, parecen ser las metas que están a la orilla y al final del camino.

Estoy seguro que los lectores recibirán esta edición, como las anteriores, con gran beneplácito, ya que cada vez es más necesario tener la facilidad de poder recurrir a ideas que diariamente nos ayuden a la difícil encomienda de vivir con razón. La selección se realizó por alguien que pensó por nosotros con anticipación.

El balance adecuado de trabajo, familia, diversión y creencias se alcanza cuando busca uno en estas líneas algo que ilumine nuestra actuación.

Este libro no tiene una razón de lucro, sino una razón de servir. Es lo que más admiro en el compilador. Con esto, indudablemente, completa una ilusión mantenida hace tiempo y que ahora puede ofrecer cuando ha alcanzado la madurez.

Alejandro Sada Olivares

FOREWORD

I first met Roger Patron many years ago, when we were both no more than kids, with ideals focused on sports and bullfights. His parents had very high standards, characteristic of the sensitive spirituality of the people of Yucatán.

Like others at that age, we were starting out on the discovery of ideas that would guide us in daily life, ideas that often took a good deal of effort to put into practice.

Life made us brothers, that is why writing this prologue is effortless... as it is written with affection. But let me tell you what I believe was the origin of this project.

When we were young, more sensitive to the importance of human values, our dear teacher, Herman Hitz, taught us several lessons that showed us the way to plan our lives with a greater meaning. I also remember our very dear friend Pedro Maus, who liked to keep important thoughts on cards, which he sometimes framed, in order to have ready access to them at home or in his office.

On more than one occasion, Roger's restlessness has led him to work on a compilation such as this, and I believe *An Exceptional Gift* represents the culmination of his efforts. Its objective is to share with others the ideas and thoughts of great men and women.

The framework for this book appears to have been drawn from the course of human life. Its chapters on *Freedom, Love, Happiness, Friendship, Parents and Children, Family Love, Education, Work, Wealth, Mankind, Communication with God* and *Maturity* are nothing less than our goals at the end of the road of experience.

I know readers will readily approve of this new book, as they have of the previous ones. Nowadays, we increasingly find the need to have access to sources such as this, sources that provide us with of ideas that help us in the difficult task of living every day reasonably. The selection of these inspiring thoughts was made by someone who anticipated our need.

The proper balance of work, family, amusement and beliefs is reached when we seek, in lines like these, "something" to guide our actions.

This book is a non-profit undertaking. Its sole purpose is to help others. This is what I most admire about Roger. *An Exceptional Gift* culminates his long-lived dream, a dream which he is now able to offer, having had the good fortune of attaining maturity many years ago.

Alejandro Sada Olivares

UN PENSAMIENTO

Toda cosa bella y majestuosa en este mundo, nace y se forja en el interior del hombre, gracias a una sola idea y a un solo sentimiento.

Todos los acontecimientos que nos legaron los siglos pasados, fueron, antes de realizarse, una idea oculta en la razón y en la mente de un hombre o un sentimiento sutil en el corazón de una mujer.

Las revoluciones, manantial de un caudaloso río de sangre inocente, fueron el producto de un sueño de un hombre que vivió alrededor de miles de hombres.

Los acontecimientos bélicos y las guerras dolorosas que destruyeron tronos y derrumbaron reinos, surgieron de una idea absurda en la mente de un solo hombre.

Las enseñanzas sublimes que transforman el curso de la vida humana, son inclinaciones románticas en el espíritu de un solo hombre que, por su genio, se le considera extraño a su ambiente.

Una sola idea erigió las Pirámides, un ideal fecundo creó la gloria del Islam y una sola palabra causó el incendio de la Biblioteca de Alejandría.

Un pensamiento que se apodera de nosotros en la quietud de la noche nos conduce a la gloria o a la locura. La mirada lánguida y serena de una mujer nos convierte en el más feliz de los hombres o en el más desgraciado.

Una palabra puede convertirnos en ricos después de la pobreza y en paupérrimos después de la opulencia... Una sola palabra pronunciada por Salma en aquella noche serena, me colocó entre mi pasado y mi futuro, cual embarcación entre la profundidad de los mares y las cimas del espacio.

Una palabra significativa me despertó del sueño de la adolescencia inexperta y solitaria y condujo mis días por un nuevo sendero hacia el mundo del amor, donde se reúnen la vida y la muerte.

Gibrán Jalil Gibrán

A THOUGHT *

Every beauty and greatness in this world is created by a single thought or emotion inside a man.

Everything we see today, made by past generations, was, before its appearance, a thought in the mind of a man or an impulse in the heart of a woman.

The revolutions that shed so much blood and turned men's minds toward liberty were the idea of one man who lived in the midst of thousands of men.

The devastating wars which destroyed empires were a thought that existed in the mind of an individual.

The supreme teachings that changed the course of umanity were the ideas of a man whose genius separated him from his environment.

A single thought built the Pyramids, founded the glory of Islam, and caused the burning of the Library at Alexandria.

A thought which overwhelms us in the quiet of the night may lead us either to glory or to madness. The brief, serene glance of a woman may transform us into the happiest, or the most wretched, of men.

A single word can make a poor man rich, or transform a life of opulence into the misfortune of a pauper.... One serene night, a single word uttered by Salma set me between my past and my future, as if I had been launched into a space between the depths of the sea and the pinnacles of the air.

One poignant word awakened me from my artless, lonely adolescent dreams and guided my steps down a new path toward the world of love, to where death and life meet.

Khalil Gibran

La libertad aunada al amor nos hace ser hombres.

Freedom combined with love makes us men.

Roger Patrón Luján

La libertad *

La libertad, Sancho, es uno de los más preciosos dones que a los hombres dieron los cielos. Con ella no pueden igualarse los tesoros que encierra la tierra ni el mar encubre; por la libertad, así como por la honra, se puede y debe aventurar la vida.

Y por el contrario, el cautiverio es el mayor mal que puede venir a los hombres.

Miguel de Cervantes Saavedra

¡Sí! A esta creencia me atengo por completo;
   Ésta es la última conclusión de la sabiduría:
Sólo merece su libertad como su vida,
   Quien diariamente las conquista.

Johann Wolfgang Goethe

Es verdad que el cambio conlleva el riesgo del fracaso, esa es la principal razón del temor a la libertad.

Pero también es verdad que en la vida no hay errores, sólo lecciones que aprender.

Anónimo

Todo hombre tiene libertad para hacer lo que quiera, siempre y cuando no infrinja la libertad de otro hombre.

Herbert Spencer

Liberty

Liberty, Sancho, is one of the most precious gifts that Heaven has bestowed on mankind; all the treasures of the earth within its bosom or the ocean within its depths, cannot be compared with it. For liberty, as well as for honor, man ought to risk even his life.

And on the other hand, captivity is the greatest evil that life can bring to men.

Miguel de Cervantes Saavedra

Yes! To this thought I hold with firm persistence;
The last result of wisdom stamps it true:
He only earns his freedom and existence
Who daily conquers them anew.

Johann Wolfgang Goethe

It is true that change entails the risk of failure, and this is the principal reason to fear freedom.

But it is also true that there are no errors in life, merely lessons to learn.

Anonymous

All men are free to do as they wish, as long as they do not violate the freedom of others.

Herbert Spencer

Viajar *

Viajar es marcharse de casa
es dejar los amigos
es intentar volar.
Volar conociendo otras ramas
recorriendo caminos
es intentar cambiar.

Viajar es vestirse de loco
es decir "no me importa"
es querer regresar.
Regresar valorando lo poco
saboreando una copa
es desear empezar.

Viajar es sentirse poeta
escribir una carta
es querer abrazar.
Abrazar al llegar a una puerta
añorando la calma
es dejarse besar.

Viajar es volverse mundano
es conocer otra gente
es volver a empezar.
Empezar extendiendo la mano
aprendiendo del fuerte
es sentir soledad.

Viajar es marcharse de casa
es vestirse de loco
diciendo todo y nada con una postal.
Es dormir en otra cama
sentir que el tiempo es corto
viajar es regresar.

Gabriel Gamar

No estoy de acuerdo con lo que dices, pero hasta con mi vida defenderé el derecho que tienes de decirlo.

Voltaire

To travel

To travel is to leave home,
to leave friends,
to seek to fly.
to fly, discovering other realms,
wandering down roads,
to attempt to change.

To travel is to dress like a fool,
to say, "I don't care,"
a desire to return.
To return, valuing small things,
savoring a drink,
to seek to begin.

To travel is to feel like a poet,
to write a letter,
a desire to embrace.
To embrace at a doorstep
while longing for calm
to let yourself be kissed.

To travel is to become worldly
to meet new people
to start over again.
To begin, reaching out your hand,
learning from the strong,
to feel solitude.

To travel is to leave home,
to dress like a fool
saying everything and nothing with a postcard.
It is to sleep in another bed
to feel that time is short
to travel is to return.

Gabriel Gamar

I disapprove of what you say, but I will defend to the death your right to say it.

Voltaire

La libertad de ser yo mismo *

Creo saber lo que quiero. He aquí las cosas que me harían feliz. No desearé otras.

Quiero una habitación propia, donde pueda trabajar. Un cuarto que no sea particularmente limpio ni ordenado.

Quiero una habitación cómoda, íntima y familiar. Una atmósfera llena de olor a libros y de aromas inexplicables; una gran variedad de libros, pero no demasiados... sólo aquellos que pueda leer o que vaya a leer de nuevo, contra la opinión de todos los críticos literarios del mundo. Ninguno que requiera mucho tiempo para leerse, ninguno que tenga un argumento constante, ni que ostente demasiado el esplendor frío de la lógica.

Deseo tener la ropa de caballero que he usado algún tiempo y un par de zapatos viejos. Quiero la libertad de usar tan poca ropa como me venga en gana.

Quiero tener un hogar donde pueda ser yo mismo. Quiero escuchar la voz de mi esposa y la risa de mis hijos en la planta alta, mientras yo trabajo en el piso inferior y quiero oírlos en el piso de abajo cuando yo esté trabajando arriba.

Quiero niños que sean niños, que salgan conmigo a jugar en la lluvia y que disfruten del baño de regadera tanto como yo. Quiero un pedazo de tierra en el que mis hijos puedan construir casas de ladrillo, alimentar a sus pollos y regar las flores. Quiero oír el canto del gallo por las mañanas. Quiero que en el vecindario haya árboles viejos y frondosos.

Quiero algunos buenos amigos que me sean tan familiares como la vida misma, amigos con los que no necesite ser cortés y que me cuenten sus problemas; que sean capaces de citar a Aristóteles y contar algunos chistes subidos de color; amigos que sean espiritualmente ricos y que puedan hablar de filosofía y usar palabras gruesas con la misma sinceridad; amigos que tengan aficiones claras y una opinión definida sobre la gente y las cosas; que tengan sus creencias particulares y respeten las mías.

Quiero tener una buena cocinera que sepa guisar verduras y hacer sopas deliciosas. Quiero un sirviente viejo, viejísimo que piense que soy un gran hombre aunque no sepa en qué reside mi grandeza.

Quiero una buena biblioteca, unos buenos puros y una mujer que me comprenda y me deje en libertad para trabajar.

En fin, quiero tener la libertad de ser yo mismo.

Lin Yutang

The freedom to be me

I believe I know what I want. Here are the things that make me happy; I do not desire any others:

I would like my own room, where I can work. A room that is not particularly clean or tidy.

I want a room that is comfortable, intimate and familiar. An atmosphere filled with the smell of books and inexplicable aromas; a great variety of books, but not too many... only those which I can read or which I will read again, contrary to the opinion of all the literary critics of the world. None that require too much time to read, none which maintain a single, consistent argument, none which display too much of the cold splendor of logic.

I would like to have clothing which I have used for some time, and a pair of old shoes. I would like the freedom to use as little clothing as I wish.

I would like a place where I can be myself. I would like to hear the voice of my wife and the laughter of my children upstairs while I work downstairs, and I would like to hear them downstairs while I am working upstairs.

I want children who are children, who go out with me to play in the rain and who enjoy the shower as much as I do. I would like a plot of ground where my children can build houses of bricks, feed their chicken and water the flowers. I want to hear the cock's crow in the mornings. I want old, blossoming trees in the neighborhood.

I would like a few good friends who are as familiar to me as life itself, friends I do not need to be courteous with and who tell me about their problems; who are capable of quoting Aristotle and telling a few jokes which are somewhat off-color; friends who are spiritually rich, who speak of philosophy and use earthy words with equal sincerity; friends who have clear preferences and defined opinions about people and things; friends who have their own beliefs and respect mine.

I would like a good cook who knows how to prepare vegetables and delicious soups. I would like an old servant, a very old servant who believes I'm a great man although he does not know where my greatness comes from.

I would like a good library, a few good cigars and a woman who understands me and leaves me free to work.

In sum, I would like the freedom to be myself.

Lin Yutang

No hay nada más maravilloso que el amor.

There is nothing more marvelous than love.

Roger Patrón Luján

Llénalo de amor *

Siempre que haya un hueco en tu vida,
llénalo de amor.

Adolescente, joven, viejo:

Siempre que haya un hueco en tu vida,
llénalo de amor.

En cuanto sepas que tienes delante de ti un tiempo baldío,
ve a buscar amor.

    No pienses: "Sufriré".
    No pienses: "Me engañarán".
    No pienses: "Dudaré".

Ve, simplemente, diáfanamente, regocijadamente,
en busca del amor.

¿Qué índole de amor?

No importa.

Todo amor está lleno de excelencia y de nobleza.

Ama como puedas, ama a quien puedas, ama todo lo que puedas...

Pero ama siempre.

No te preocupes de la finalidad del amor.
Él lleva en sí mismo su finalidad.

No te juzgues incompleto porque no responden a tus ternuras;
el amor lleva en sí su propia plenitud.

¡Siempre que haya un hueco en tu vida,
llénalo de amor!

Amado Nervo

El amor vence a la muerte, pero a veces una mala costumbre sin importancia, vence al amor.

Marie Ebner-Eschenbach

Fill it with love

Whenever there is emptiness in your life,
fill it with love.

Adolescent, youth, old man,

Whenever there is emptiness in your life,
fill it with love.

Whenever you have an unoccupied period of time,
go in search of love.

>   Don't think: "I shall suffer".
>   Don't think: "They will deceive me".
>   Don't think: "I shall doubt".

Go simply, unaffectedly, joyously,
in search of love.

What kind of love?

It does not matter.

All love is filled with excellence and nobility.

Love as you can, love whom you can, love all you can...

But always love.

Do not worry about the outcome of your love;
love bears its own purpose within itself.

Do not judge yourself incomplete if your tenderness goes unheeded;
love bears its own fulfillment within itself.

Whenever there is emptiness in your life,
fill it with love!

Amado Nervo

Love defeats death, but sometimes a trivial bad habit defeats love.

Marie Ebner-Eschenbach

Ámense

Ustedes nacieron el uno para el otro y lo estarán para siempre.
Estarán juntos cuando las alas de la muerte esparzan sus días.
Sí, estarán juntos aun en la memoria silenciosa de Dios.

Pero dejen que haya espacios en su cercanía,
y dejen que las brisas de los cielos bailen entre ustedes.

Ámense el uno al otro, mas no hagan del amor una atadura:
Dejen que haya un mar en movimiento entre las playas de sus almas.

Llénense mutuamente las copas pero no beban de una sola copa.
Compartan su pan, pero no coman del mismo trozo.

Canten, bailen y alégrense, pero que cada uno sea independiente,
aun las cuerdas del laúd están solas aunque vibren con la misma música.

Den su corazón, pero no en prenda,
pues sólo la mano de la Vida puede contener los corazones.

Y permanezcan juntos, pero no demasiado;
porque los pilares del templo están aparte,
y ni el roble crece bajo la sombra del ciprés, ni el ciprés bajo la del roble.

Gibrán Jalil Gibrán

La ausencia aviva el amor, la presencia lo fortalece.

Thomas Fuller

Love one another *

You were born together, and together you shall be for evermore.
You shall be together when the white wings of death scatter your days.
Aye, you shall be together even in the silent memory of God.

But let there be spaces in your togetherness,
and let the winds of the heavens dance between you.

Love one another, but make not a bond of love:
let it rather be a moving sea between the shores of your souls.

Fill each other's cup but drink not from one cup.
Give one another of your bread but eat not from the same loaf.

Sing and dance together and be joyous, but let each one of you be alone,
even as the strings of a lute are alone though they quiver with the same music.

Give your hearts, but not into each other's keeping,
for only the hand of Life can contain your hearts.

And stand together yet not too near together;
for the pillars of the temple stand apart,
and the oak tree and the cypress grow not in each other's shadow.

Khalil Gibran

Absence rekindles love, presence strengthens it.

Thomas Fuller

Mis relaciones con los demás *

Tú y yo vivimos en una relación que valoro y quiero conservar. Sin embargo, cada uno de nosotros es una persona diferente, con sus propias necesidades y el derecho de satisfacerlas.

Cuando tú tengas dificultades para resolver tus problemas, trataré de escucharte cordialmente y ayudarte, con el objeto de que encuentres tus propias soluciones, en lugar de depender de las mías.

De la misma manera, trataré de respetar tu derecho a escoger tus propias ideas y a desarrollar tus propios valores, aunque sean diferentes a los míos.

Cuando tu actividad interfiera con lo que debo hacer para la satisfacción de mis necesidades, te comunicaré abierta y honestamente cómo me afecta tu conducta, confiando en que tú me comprenderás y ayudarás en lo que puedas.

De la misma manera, cuando alguno de mis actos te sea inaceptable, espero que me comuniques con sinceridad tus sentimientos. Te escucharé y trataré de cambiar.

En las ocasiones en que descubramos que ninguno de los dos puede cambiar su conducta para satisfacer las necesidades del otro, reconozcamos que tenemos un conflicto que requiere solución. Comprometámonos, entonces, a resolver cada uno de estos conflictos, sin recurrir al uso del poder o de la autoridad, para tratar de vencer a expensas de la derrota del otro.

Respeto tus necesidades, pero también quiero que respetes las mías.

Esforcémonos siempre para encontrar una solución que sea aceptable para ambos. Tus necesidades serán satisfechas y también las mías. Ambos venceremos y ninguno será derrotado.

De esta forma, tú podrás continuar tu desarrollo como persona mediante la satisfacción de tus necesidades y yo también podré hacerlo; nuestra relación podrá ser lo suficientemente positiva para que, en ella, cada uno de nosotros pueda esforzarse para llegar a ser lo que es capaz de ser.

Y podremos continuar relacionándonos el uno y el otro con respeto, amor y paz mutuos.

Thomas Gordon

My relationships with others

You and I live in a relationship which I value and wish to maintain. However, each of us is a different person, with his own needs and the right to satisfy them.

When you are in trouble solving your problems, I will try to listen to you and to help you in finding your own solutions, rather than depending on mine.

In the same manner, I will try to respect your right to choose your own ideas and to develop your own values, although these might be different from mine.

When your actions interfere with what I must do to satisfy my needs, I will tell you, openly and honestly, how your behavior affects me, trusting that you will understand and help in what you can.

In the same manner, when one of my actions is unacceptable to you, I hope that you will, in all sincerity communicate your feelings to me. I will listen to you and I will try to change.

On those occasions when we find that neither of us can change our behavior to satisfy the needs of the other one, we will recognize that we have a conflict that requires solution. We will then commit ourselves, to solving each of these conflicts, without recourse to the use of power or of authority and to try to win at the expense of the other's loss.

I respect your needs, but I also want you to respect mine.

Let us always try to find a solution that is acceptable to both of us. Your needs will be satisfied as will be mine. Both of us will win and neither of us will lose.

This way, you will continue with your development as a person through the satisfaction of your needs, and so will I. Our relationship can be sufficiently positive to ensure that, within it, each of us can make an effort to achieve that of which we are capable.

And we will be able to continue relating to each other with mutual respect, love and peace.

Thomas Gordon

El fruto

El fruto del Silencio es la Fe.
El fruto de la Fe es la Oración.
El fruto de la Oración es el Amor.
El fruto del Amor es el Servicio.
El fruto del Servicio es la Paz.

Madre Teresa de Calcuta

La vida es una flor cuya miel es el amor.

Víctor Hugo

Ama y haz lo que quieras:
si callas, callarás con amor;
si gritas, gritarás con amor;
si corriges, corregirás con amor;
si perdonas, perdonarás con amor.
si está dentro de ti la raíz del amor,
ninguna otra cosa sino el bien podrá salir de tal raíz.

San Agustín

Mientras tememos conscientemente no ser amados, el temor real, aunque habitualmente
inconsciente, es el de amar.

Amar significa comprometerse sin garantías, entregarse totalmente con la esperanza de
producir amor en la persona amada.

El amor es un acto de fe y quien tenga poca fe, también tendrá poco amor.

Erich Fromm

The fruit *

The fruit of Silence is Faith.
The fruit of Faith is Prayer.
The fruit of Prayer is Love.
The fruit of Love is Service.
The fruit of Service is Peace.

Mother Theresa of Calcutta

Life is a flower and its nectar is Love.

Victor Hugo

Love and do as you wish;
if you remain silent, do so with love;
if you shout, shout with love;
if you admonish someone, correct them with love;
if you forgive, forgive with love.
if the root of love is within you,
nothing but good will grow from that root.

Saint Augustine

As long as we are consciously fearful of not being loved, although usually unconscious, our real fear is to love.

To love is to commit oneself unconditionally, to give of oneself completely with the hope of generating love in the loved one.

Love is an act of faith, and he who has little faith will also have little love.

Erich Fromm

Si dejas de dar, renuncias a vivir.

If you stop giving, you give up living.

Roger Patrón Luján

El arte de la felicidad *

La felicidad no depende de lo que pasa a nuestro alrededor; sino de lo que pasa dentro de nosotros; la felicidad se mide por el espíritu con el cual nos enfrentamos a los problemas de la vida.

La felicidad, es un asunto de valentía; es tan fácil sentirse deprimido y desesperado.

La felicidad, es un estado de ánimo; no somos felices en tanto no decidamos serlo.

La felicidad, no consiste en hacer siempre lo que queramos; pero sí en querer todo lo que hagamos.

La felicidad, nace de poner nuestros corazones en nuestro trabajo, y de hacerlo con alegría y entusiasmo.

La felicidad, no tiene recetas; cada quien la cocina con el sazón de su propia meditación.

La felicidad, no es una posada en el camino, sino una forma de caminar por la vida.

Anónimo

Los sufrimientos...
nos pulen el alma;

mientras que, las alegrías...
le dan brillo.

Stefano Tanasescu Morelli

Lo que pasa es siempre lo mejor.

Rodolfo Patrón Tenorio

Las vacaciones se parecen al amor: las esperamos con anhelo, las vivimos con contrariedades y las recordamos con nostalgia.

Anónimo

The art of happiness

Happiness does not depend on what happens around us, but on what happens within us; happiness is measured by the spirit with which we confront the problems of life.

Happiness is a matter of courage; it is so easy to feel depressed and desperate.

Happiness is a mood; we will not be happy as long as we do not wish to be so.

Happiness does not consist of always doing what we want, but of loving to do all that we do.

Happiness is born when we put our hearts into our work with joy and enthusiasm.

Happiness is not found in recipes; each one prepares it with the seasoning of his own meditation.

Happiness is not a roadside inn, but a way of walking through life.

Anonymous

Sufferings...
polish the soul,

while joys...
make it shine.

Stephan Tanasescu Morelli

Whatever happens is always for the best.

Rodolfo Patron Tenorio

A vacation is similar to love: we look forward to it with longing, we experience it with obstacles, and look back on it with nostalgia.

Anonymous

La felicidad de hoy no es grano para ser almacenado en una caja, no es vid a quedarse en una vasija, no puede conservarse para mañana, debe sembrarse y cosecharse el mismo día.

Anónimo

A una mujer que se quejaba de que las riquezas no habían conseguido hacerla feliz, le dijo El Maestro:

"Hablas como si el lujo y el confort fueran ingredientes de la felicidad, cuando de hecho lo único que necesitas para ser realmente feliz, es algo por qué entusiasmarte".

Sabiduría Oriental

Dar, me produce más felicidad que recibir, no porque sea una expresión de privación, sino porque en el acto de dar, está la expresión de mi vitalidad.

Anónimo

Si lloras por haber perdido el sol, las lágrimas te impedirán ver la estrellas.

Rabindranath Tagore

¡Carpe Diem!

Goza mientras vivas; disfruta tu día; vive la vida al máximo; sácale el mejor provecho a lo que posees. ¡Es más tarde de lo que crees!

Horacio

Today's happiness is not grain to be stored in a crate, it is not wine to be kept in a flask, it cannot be preserved for tomorrow, it must be planted and harvested on the same day.

Anonymous

To a woman who complained that riches had not made her happy, the Teacher said:

"You talk as though luxury and comfort were the ingredients of happiness, when in fact the only thing that you need to be happy is something to be enthusiastic about".

Oriental Wisdom

Giving provides me with more happiness than receiving, not because it is an expression of deprivation, but because in the act of giving I find the expression of my vitality.

Anonymous

If you cry because you lost the sun, your tears will prevent you from seeing the stars.

Rabindranath Tagore

Carpe Diem!

Rejoice while you are alive; enjoy the day; live life to the fullest; make the most of what you have. It is later than you think!

Horace

Sólo por hoy

Sólo por hoy, trataré de vivir únicamente este día, sin abordar a la vez todo el problema de la vida. Puedo hacer en doce horas cosas que me espantarían si tuviese que mantenerlas durante una vida entera.

Sólo por hoy, seré feliz. Esto supone que es verdad lo que dijo Abraham Lincon, que "la mayoría de las personas son tan felices como deciden serlo". La felicidad es algo interior; no es asunto de fuera.

Sólo por hoy, trataré de vigorizar mi espíritu. Aprenderé algo útil. No seré un haragán mental. Leeré algo que requiera esfuerzo, meditación y concentración.

Sólo por hoy, trataré de ajustarme a lo que es y no trataré de ajustar todas las cosas a mis propios deseos. Aceptaré mi familia, mis negocios y mi suerte tal como son y procuraré adaptarme a todo ello.

Sólo por hoy, ejercitaré mi alma en tres modos. Haré a alguien algún bien sin que él lo descubra. Y haré dos cosas que no me agrade hacer, solamente, como dice William James, para ejercitarme.

Sólo por hoy, seré agradable. Tendré el mejor aspecto que pueda, me vestiré con la mayor corrección, hablaré en voz baja, me mostraré cortés, seré generoso en la alabanza, no criticaré a nadie, no encontraré defectos en nada y no intentaré mejorar o regular a nadie que no sea a mí mismo.

Sólo por hoy, tendré un programa. Consignaré por escrito lo que espero hacer cada hora. Cabe que no siga exactamente el programa, pero lo tendré. Eliminaré dos plagas: la prisa y la indecisión.

Sólo por hoy, tendré media hora tranquila de soledad y descanso. En esta media hora pensaré, a fin de conseguir una mayor perspectiva de mi vida.

Sólo por hoy, no tendré temor y especialmente no tendré temor de ser feliz, de disfrutar lo bello, de amar y de creer que los que amo, me aman.

Kenneth L. Holmes

Los sueños son la esperanza perenne de nuestra vida y la energía que nos hace vivir. ¡Aférrate a ellos!

Irene Fohri

Just for today *

Just for today, I will try to live through this day only, and not tackle my whole life's problems at once. I can do things for twelve hours that would appall me if I felt that I had to keep them up for a lifetime.

Just for today, I will be happy. This takes to be true what Abraham Lincoln said, that "most folks are as happy as they make up their minds to be."

Just for today, I will try to strengthen my mind. I will study. I will learn something useful. I will not be a mental loafer. I will read something that requires effort, thought and concentration.

Just for today, I will adjust myself to what is, and not try to adjust everything to my own desires. I will take my "luck" as it comes, and fit myself to it.

Just for today I will exercise my soul in three ways; I will do somebody a good turn, without his knowing. I will do at least two things I don't want to do, as William James suggests, just for exercise. I will not show anyone that my feelings are hurt; they may be hurt, but today I will not show it.

Just for today I will be agreeable. I will look as well as I can, dress as becomingly as possible, will speak softly, act courteously, criticize no one, nor find fault with anything and will not try to improve or regulate anybody except myself.

Just for today I will have a program. I may not follow it exactly, but I will have it. It will save me from two pests: hurry and indecision.

Just for today I will have a quiet half-hour all by myself and relax. During this half-hour I will try to get a better perspective of my life.

Just for today I will be unafraid. Especially, I will not be afraid to enjoy what is beautiful, to love, and to believe that those I love, love me.

Kenneth L. Holmes

Dreams are the eternal hope of our life and the energy that makes us live. Keep them up!

Irene Fohri

Cómo ser feliz *

Al abrir los ojos por la mañana, dite a ti mismo:

¡Qué maravilloso es estar con vida! Este día me debe de ir mucho mejor que ayer.

Nunca te olvides de que tú controlas tu propia vida. Convéncete: "Yo estoy a cargo de lo que me pase, yo soy el único responsable".

Alégrate cuando te dirijas a tu trabajo. Siéntete feliz de contar con un empleo en estos tiempos de crisis económica.

Aprovecha al máximo tus ratos de ocio. No te sientes, ni empieces a flojear cuando puedes estar divirtiéndote o disfrutando de algún pasatiempo.

No te dejes agobiar por tus problemas económicos. Para los más de nosotros, que no podemos darnos el lujo de ser extravagantes, sencillamente ahorrar dinero para adquirir un artículo caro, puede darnos un sentimiento de gran satisfacción.

No te compares con los demás, la gente que lo hace tiende a la melancolía.

Sé menos crítico. Acepta tus limitaciones y las de tus amigos. Concéntrate en tus habilidades y en las de ellos.

Mejora tu sentido del humor. No te tomes demasiado en serio, trata de encontrarle el lado humorístico a los momentos de adversidad.

Toma tu tiempo. No trates de hacer todo a la vez.

Sonríe más, más a menudo, a más gente.

¡Felicidades!

El tiempo te obsequia un libro en blanco. Lo que en él escribas será de tu propia inspiración. De ti depende elegir la tinta arco iris de la dicha o la gris y opaca del desaliento y la amargura, las palabras dulces y hermosas del lenguaje del amor o el relato tenebroso y destructor del odio.

¿Qué escribirás amigo, en cada día que falta por llenar?

Anónimo

How to be happy

When you open your eyes in the morning, say to yourself:

How great it is to be alive! Today will be much better than yesterday.

Never forget that you control your own life. Convince yourself: I'm in charge of what happens to me, I'm the only one responsible

Be happy when you go to work. Feel fortunate that you have a job in these times of economic hardship.

Take full advantage of your free time. Don't sit, or start being lazy when you could be having a good time or enjoying some pastime.

Don't let yourself get overwhelmed by your financial problems. For most of us, who cannot afford the luxury of extravagance, simply saving money to buy an expensive article can give us great satisfaction.

Don't compare yourself to other people. Those who do this tend to be melancholy.

Be less critical. Accept your own limitations as well as those of your friends. Concentrate on your abilities and on theirs.

Improve your sense of humor. Don't take yourself too seriously, try to find the humorous side in moments of adversity.

Take your time. Don't try to do everything at once.

Smile more, more often and to more people.

Congratulations!

Time gives you a blank book. What you write in it will be out of your own inspiration. It will depend on you whether you choose the rainbow ink of fortune or the grey and hasy ink of disappointment and bitterness, whether you inscribe sweet and beautiful words in the language of love, or gloomy, destructive accounts of hatred.

My friend, what will you write, on each day waiting to be filled?

Anonymous

Desiderata

Camina serenamente entre el ruido y la agitación, piensa que puede haber paz en el silencio. Hasta donde sea posible y sin rendirte, trata de estar en buenos términos con todo el mundo.

Di tu verdad serena y claramente y escucha a los demás, hasta a los aburridos e ignorantes; ellos también tienen su historia.

Evita a las personas agresivas y escandalosas, pues son espinas para el espíritu. Si te comparas con los demás puedes ser vanidoso o amargado, porque siempre habrá personas menos capaces y personas más capaces que tú.

Disfruta de tus éxitos y de tus planes, igual que de tus fracasos.

Guarda interés en tu propia carrera, por humilde que sea; es una posesión real en los cambios de fortuna del tiempo.

Sé cuidadoso, pues el mundo está lleno de trampas; mas no dejes que esto te ciegue a la virtud que existe; muchas personas están luchando por altos ideales y por todas partes la vida está llena de heroísmo.

Sé tú mismo. Especialmente no muestres tu afecto cuando no lo sientas; tampoco seas cínico en el amor, porque a pesar de toda la aridez y desencanto, es eterno como Dios.

Acepta con cariño el paso de los años y entrega con gracia las cosas de la juventud.

Alimenta la fuerza del espíritu para que te proteja y sostenga en la desgracia repentina. No te atormentes con la imaginación; muchos temores nacen de la fatiga y la soledad.

Además de seguir una autodisciplina saludable, sé gentil contigo mismo. Tú eres una criatura del Universo, igual que los árboles y las estrellas; tú tienes derecho a estar aquí y aunque sea o no claro para ti, no hay duda de que el Universo marcha como debe.

Por eso debes estar en paz con Dios, cualquiera que sea tu idea de Él.

Y no importa cuáles son tus inclinaciones y aspiraciones, conserva la paz de tu alma en la bulliciosa confusión de la vida.

Aun con toda su farsa, penalidades y sueños fallidos, el mundo es muy hermoso.

Sé cauto. ¡Esfuérzate por ser feliz!

Max Ehrmann

Desiderata *

Go placidly amid the noise and the haste, and remember what peace there may be in silence. As far as possible without surrender be on good terms with all people.

Speak your truth quietly and clearly; and listen to others, even to the dull and ignorant; they too have their story.

Avoid loud and aggressive people, they are vexatious to the spirit. If you compare yourself with others, you may become vain or bitter; for always there will be greater and lesser persons than yourself.

Enjoy your achievements as well as your plans.

Keep interested in your own career, however humble; it is a real possession in the changing fortunes of time.

Exercise caution in your business affairs; for the world is full of trickery. But let not this blind you to what virtue there is; many people strive for high ideals; and everywhere life is full of heroism.

Be yourself. Especially, do not feign affection. Neither be cynical about love; for in the face of all aridity and disenchantment it is as perennial as the grass.

Take kindly the counsel of the years, gracefully surrendering the things of youth.

Nurture strength of spirit to shield you in sudden misfortune. But do not distress yourself with dark imaginings. Many fears are born of fatigue and loneliness.

Beyond a wholesome discipline be gentle with yourself. You are a child of the universe, no less than the trees and stars; you have a right to be here. And whether or not it is clear to you, no doubt the universe is unfolding as it should.

Therefore be at peace with God, whatever you conceive Him to be.

And whatever your labors and aspirations, in the noisy confusion of life keep peace in your soul.

With all its sham, drudgery and broken dreams, it is still a beautiful world.

Be careful. Strive to be happy!

Max Ehrmann

Un amigo es como un faro, su luz nos guía.

A friend is like a lighthouse, his light guides us.

Roger Patrón Luján

La amistad *

Es el más noble y sencillo de los sentimientos.

Crece al amparo del desinterés, se nutre dándose, y florece con la comprensión.

Su sitio está junto al amor, porque la amistad es amor.

Sólo los honrados pueden tener amigos, porque la amistad no admite cálculos, ni sombras, ni dobleces.

Exige en cambio sacrificio, valor, comprensión y verdad; verdad sobre todas las cosas.

Horacio E. Ratti

Un amigo fiel es una defensa sólida, y aquel que lo ha encontrado, ha encontrado un tesoro.

Eclesiastés

En la prosperidad, nuestros amigos nos conocen; en la adversidad, nosotros los conocemos.

J. Churton

Friendship

Is the most noble and simple of the feelings.

It grows in the shade of selflessness, it is nourished by giving of oneself, and it flowers with understanding.

Its place is next to love, because friendship is love.

Only the honorable can have friends, because friendship does not allow conjecture, shadows or deceit.

In turn, it demands sacrifice, courage, understanding and truth; truth above all.

Horacio E. Ratti

A faithful friend is a solid defense; he who finds one it finds a treasure.

Ecclesiastes

In prosperity, our friends know who we are; in adversity, we know who our friends are.

J. Churton

Un amigo *

Si tienes un amigo, has merecido un don divino.

La amistad leal, sincera, desinteresada, es la verdadera comunión de las almas. Es más fuerte que el amor, porque éste suele ser celoso, egoísta y vulnerable. La verdadera amistad perdura y se fortalece a través del tiempo y la distancia.

No se necesita ver frecuentemente al amigo para que la amistad perdure; basta saber que éste responderá cuando sea necesario, con un acto de afecto, de comprensión y aun de sacrificio.

La amistad no se conquista, no se impone; se cultiva como una flor; se abona con pequeños detalles de cortesía, de ternura y de lealtad; se riega con las aguas vivas de desinterés y de cariño silencioso. No importan las distancias, los niveles sociales, los años o las culturas. La amistad lo borra todo.

El recuerdo del amigo lejano, del amigo de la niñez o el de la juventud, produce la íntima alegría de haberlos conocido. Nuestra vida se enriqueció con su contacto por breve que haya sido.

La felicidad del amigo nos da felicidad. Sus penas se vuelven nuestras porque hay un maravilloso lazo invisible que une a los amigos. La amistad es bella sobre toda ponderación.

Para el que tiene un amigo, no existe la soledad.

Anónimo

Un amigo es un hermano que elegimos.

Francisco José Droz

La amistad del hombre es con frecuencia un apoyo; la de la mujer es siempre un consuelo.

Johann Paul Richter

A friend

If you have a friend, you have deserved a divine gift.

Loyal, sincere, uninterested friendship is the true communion of souls. It is stronger than love, because love tends to be jealous, egotistical and vulnerable. True friendship endures and is strengthened through time and distance.

Friends do not need to see each other frequently in order for friendship to endure; it is enough to know that the friend will respond whenever necessary, with an act of affection, understanding and even of sacrifice.

Friendship is not conquered, it can not be imposed; it is cultivated like a flower; it is nurtured with small jestures of courtesy, tenderness and loyalty; it is watered with the living waters of selflessness and quiet endearment. Distance, social level, years or culture do not matter. Friendship erases all.

The memory of a far-off friend, of the friend from childhood or youth, provides us with an intimate happiness. Our lives were enriched by these contacts, however brief they may have been.

A friend's happiness makes us happy. His pain becomes ours because a marvelous, invisible bond unites us with friends. Friendship is beautiful beyond all consideration.

For him who has a friend, solitude does not exist.

Anonymous

A friend is a brother we choose.

Francisco Jose Droz

A man's friendship is often supportive; a woman's always consoles.

Johann Paul Richter

Cuenta tu jardín *

Cuenta tu jardín por las flores,
no por las hojas caídas.

Cuenta tus días por las horas doradas,
y olvida las penas habidas.

Cuenta tus noches por estrellas,
no por sombras.

Cuenta tu vida por sonrisas,
no por lágrimas.

Y para tu gozo en esta vida,
cuenta tu edad por amigos,
no por años.

Anónimo

La amistad es una planta que crece con lentitud y tiene que aguantar las sacudidas de la adversidad, antes de merecer su nombre.

Anónimo

¡Qué difícil es ganar un amigo en un año, y qué fácil es perderlo en un momento!

Anónimo

Count your garden

Count your garden by the flowers,
   not by the fallen leaves.

Count your days by the golden hours,
   and forget yours sorrows.

Count your nights by the stars,
   not by the shadows.

Count your life its smiles,
   not by the tears.

And, for your joy in this life,
   count your age by your friends,
   and not by the number of your years.

Anonymous

Friendship is a plant that grows slowly and must endure the shocks of adversity before deserving its name.

Anonymous

How difficult it is to make a friend in one year, and how easy it is to lose him in a moment!

Anonymous

Hombre-Mujer, binomio divino.

Man-Woman, divine symbol.

Roger Patrón Luján

El arte del matrimonio

Un buen matrimonio debe crearse.

En el matrimonio las cosas pequeñas son las cosas importantes...

Es nunca ser demasiado viejo para tomarse de las manos.

Es recordar decir "Te quiero" por lo menos una vez al día.

Es nunca ir a dormir estando enojados.

Es estar de acuerdo en los valores y tener objetivos comunes.

Es estar juntos frente al mundo.

Es formar un círculo de amor que una a toda la familia.

Es decir palabras de estímulo y siempre demostrar gratitud con detalles y cariño.

Es tener capacidad de perdonar y olvidar.

Es dar uno al otro una atmósfera en la que cada uno se pueda desarrollar.

Es realizar una búsqueda en común de lo bueno y de lo hermoso.

No es solamente casarse con la persona adecuada...

Es ser el socio ideal.

Wilferd A. Peterson

¿Dónde está el hogar? El hogar está donde el corazón ríe sin timidez y las lágrimas del corazón se secan por si solas.

Vernon Blake

The art of marriage *

A good marriage must be created.

In the marriage the little things are the big things . . .

It is never be too old to hold hands.

It is remembering to say "I love you" at least once a day.

It is never going to sleep in anger.

It is having a mutual sense of values and common objectives.

It is standing together facing a world.

It is forming a circle of love that gathers in the whole family.

It is speaking words of appreciation and demonstrating gratitude in thoughtful ways.

It is having the capacity to forgive and forget.

It is giving each other an atmosphere in which each can grow.

It is a common search for the good and the beautiful.

It is not only marrying the right person . . .

It is being the right partner.

Wilferd A. Peterson

Where is Home? Home is where the heart laughs without shyness and where the tears of the heart dry by themselves.

Vernon Blake

Mi búsqueda no es sencilla *

He encontrado en mi vida amigos, enemigos, conocidos, científicos, intelectuales, pacifistas y aún continúo mi pesquisa porque lo que yo deseo es:

¡UN HOMBRE!

UN HOMBRE que no tema a la ternura; que se atreva a ser débil cuando necesite detenerse a recobrar fuerzas para la lucha diaria; que no piense que al amarme lo derroto, o que al amarlo me aniquila.

UN HOMBRE que me proteja de los demás y de mí misma, que conociendo mis errores, los acepte y me ayude a corregirlos.

UN HOMBRE que quiera y sepa reconocer mis valores espirituales y sobre ellos pueda construir todo un mundo; que nunca me rebaje con su trato.

UN HOMBRE que con cada amanecer me ofrezca una ilusión, que aliente nuestro amor con toda delicadeza para que una flor entregada con un beso tenga más valor que una joya.

UN HOMBRE con el que se pueda hablar, que jamás corte el puente de comunicación y ante quien me atreva a decir cuanto pienso, sin temor de que me juzgue y se ofenda, y que sea capaz de decírmelo todo, incluso que no me ama.

UN HOMBRE que tenga siempre los brazos abiertos para que yo me refugie en ellos cuando me sienta amenazada e insegura, que conozca su fortaleza y mi debilidad, pero jamás se aproveche de ello.

UN HOMBRE que tenga abiertos los ojos a la belleza, a quien domine el entusiasmo y ame intensamente la vida; para quien cada día sea un regalo inapreciable que hay que vivir plenamente, aceptando el dolor y la alegría con igual serenidad.

UN HOMBRE que sepa ser siempre más fuerte que los obstáculos, que jamás se amilane ante la derrota y para quien los contratiempos sean más estímulos que adversidad, pero que esté tan seguro de su poder que no se sienta en la necesidad de demostrarlo a cada minuto en empresas absurdas sólo para probarlo.

UN HOMBRE que no sea egoísta, que no pida lo que no se ha ganado, pero que siempre haga esfuerzos para tener lo mejor porque lo ha ganado.

My search is not an easy one

In my life I have known friends, enemies, acquaintances, scientists, intellectuals, pacifists, but I continue my search, because what I am looking for is:

A MAN!

A MAN who does not fear tenderness; who dares to be weak when he must take a breath in order to recover his strength for the daily struggle; who does not think that by loving me I will defeat him, nor that loving him will destroy me.

A MAN who protects me from others and from myself, and who, knowing my faults, accepts and helps me correct them.

A MAN who loves and knows how to recognize my spiritual values and who is able to build a whole world on them; and whose behavior will never debase me.

A MAN who at every daybreak offers me an illusion, who breathes life into our love with such delicacy that a flower given with his kiss is more precious than a jewel.

A MAN with whom I can talk, who never cuts off communication and with whom I dare to say what I think, without fear that he will judge me or take offense, and who is capable of telling me everything, even that he does not love me.

A MAN who always has his arms open as a refuge for me when I feel threatened and insecure, who knows his strength and my weakness, but never takes advantage of it.

A MAN whose eyes are open to beauty, who is swept up by enthusiasm and who loves life intensely; for whom each day is an invaluable gift which must be lived fully, accepting pain and joy with equal serenity.

A MAN who is always stronger than the obstacles in his way, who is never daunted in the face of defeat and for whom disappointments are more stimulation than adversity, but who is so sure of his power that he does not need to prove it constantly through absurd acts.

A MAN who is not selfish, who does not demand what he has not won fairly, but who always makes strives for the best because he has earned it.

UN HOMBRE que goce dando y que sepa recibir.

UN HOMBRE que se respete a sí mismo, porque así sabrá respetar a los demás; que no recurra jamás a la burla ni a la ofensa, que más rebajan a quien las hace que a quien las recibe.

UN HOMBRE que no tenga miedo de amar, ni que se envanezca porque es amado; que goce el minuto como si fuera el último, que no viva esperando el mañana porque tal vez nunca llegue.

... cuando lo encuentre, lo amaré intensamente.

Anónimo

Porque soy mujer, debo hacer un esfuerzo extraordinario para tener éxito. Si fracaso, nadie dirá: "Ella no tiene lo que se necesita", sino: "Las mujeres no tienen lo que se necesita".

Claire Boothe-Luce

A MAN who enjoys giving and knows how to receive.

A MAN who respects himself and who, because of this, knows how to respect others; who never takes recourse to ridicule or offend, knowing that these dibase the giver more than the receiver.

A MAN who is not afraid to love, and who is not vain because he is loved; a man who enjoys every minute as if it were his last, who does not live waiting for tomorrow, because tomorrow may never come.

... when I find him, I will love him intensely.

Anonymous

Because I am a woman, I must make an extraordinary effort to succeed. If I fail, no one will say, "She doesn't have what it takes", but rather, "Women don't have what it takes."

Claire Boothe-Luce

Una mujer *

Mi búsqueda no es algo fácil.

En mi paso por este mundo he conocido toda clase de personas, de todas las condiciones sociales; pero a fin de cuentas sólo se ha tratado de gente, y lo que yo busco es:

¡UNA MUJER!

Pero UNA MUJER que no sea una muñequita de aparador, ni la rosa candorosa e ingenua. Tampoco que sea la hermosura mercenaria, ni la madre sumisa y abnegada o la esclava del hogar. Busco UNA MUJER que se atreva a ser ella misma con todas sus potencialidades.

UNA MUJER que no tema ser fuerte, segura e independiente, porque con ello no pierde su feminidad, y en cambio, toma el lugar que le corresponde en la evolución de la pareja humana.

UNA MUJER dispuesta a descubrir y a desarrollar todos sus valores y potencial, porque los hombres no maduramos emocionalmente jamás si tenemos compañeras, madres o hermanas que han dado poca importancia al crecimiento como personas. La evolución supone un crecimiento compartido.

UNA MUJER preparada y decidida, que no sólo sepa qué hacer, sino cómo y cuándo hacerlo, porque así será un respaldo para mí, como yo con gusto lo seré para ella.

UNA MUJER que me descargue de todo el peso de un amor no entregado, porque nunca antes alguien lo había recibido por completo.

UNA MUJER que me ayude a verme como soy, no como creo que soy. Que tenga tacto al decirme mis defectos en el momento en que soy más receptivo, para que digiera la crítica constructiva y pueda así, florecer como persona.

UNA MUJER que sea tierna, sin que pierda firmeza; seria sin llegar a ser solemne; deseosa de superarse sin sentirse superior; dulce, sin ser melosa, y con la frescura de una chamaca, sin caer en lo pueril.

UNA MUJER que sea mi compañera en todo: desde tender la cama juntos, hasta adentrarnos en una aventura intelectual, pasando por la experiencia de trabajar hombro a hombro y recorrer un parque en bicicleta.

A woman

My search is not easy.

In my passage through this world I have known all kinds of people, of all social strata, but in the final analysis they have all been people, and what I seek is:

A WOMAN!

But A WOMAN who is not a doll on display, nor a naive and innocent rose. Not a mercenary beauty, a submissive, self-effacing mother, nor a slave of the home. I seek A WOMAN who dares to be herself with all of her potential.

A WOMAN who is not afraid to be strong, sure of herself and independent, because this does not detract from her femininity, but fulfills the role that belongs to her in the evolution of the human couple.

A WOMAN willing to discover and develop all of her values and potential, because we men will never mature emotionally if our companions, mothers or sisters have given little importance to their growth as persons. Evolution involves shared growth.

A prepared and decisive WOMAN, who not only knows what to do, but how and when to do it, because in this way she will support to me, as I will gladly support her.

A WOMAN who frees me from the burden of my un-surrendered love, because no one before would have received it completely.

A WOMAN who helps me to see myself as I am, not as I believe I am. Who has the tact to point out my faults when I am my most receptive, in order that I may assimilate constructive criticism and thus help me flourish as a human being.

A WOMAN who is tender without losing firmness and without becoming grave; who whises to succeed without feeling superior; sweet, without being sickening, and with the freshness of a young girl, without being puerile.

A WOMAN who will be my companion in everything: from making the same bed, to joining me in an intellectual adventure, from working shoulder to shoulder, to taking a bicycle ride in the park.

UNA MUJER que no se alarme si alguna vez me ve llorar (quiero recuperar esa capacidad de expresión reprimida por el machismo) y que me aliente a "darme permiso" de ser débil y a pedir ayuda a pesar de ser el hombre fuerte.

UNA MUJER que descubra lo que le gusta en la vida, y que se esfuerce por averiguar lo que quiere realmente de la misma, teniendo el valor de pagar el precio de sus más grandes anhelos.

UNA MUJER que no se deje utilizar y que nunca manipule a otro ser humano, incluyendo a su pareja, pues no tiene objeto caer en una simbiosis destructiva, cuando existe la alternativa luminosa de un crecimiento recíproco.

UNA MUJER que sepa que el hombre está llamado a ser el más elevado de los seres vivientes; pero que ella, como mujer, fue concebida como la más sublime de las creaciones del Universo.

Cuando la encuentre, la amaré intensamente.

Y me pregunto: ¿acaso esa MUJER eres tú?

Rafael Martín del Campo

Un matrimonio no se mantiene unido por medio de cadenas, sino de hilos; cientos de delgadísimos hilos que enlazan las vidas de las personas a través de los años.

Anónimo

No nos casamos con una persona, sino con tres:

La que uno cree que es,
la que en realidad es,
y la persona en que se convertirá como resultado de haberse casado con uno.

Anónimo

A WOMAN who does not become alarmed if she ever sees me cry (I want to recover this way of expression repressed by ideas of "machismo") and who encorages me by "allowing me" to be weak and to ask for help even though I am a strong man.

A WOMAN who discovers what she likes in life and who exerts herself to find what she really wants out of it, and has the courage to pay the price of her strongest desires.

A WOMAN who refuses to be used by anyone and who never manipulates other human beings, including her mate, knowing that it makes no sense to fall into a destructive symbiosis when the positive alternative of mutual growth exists.

A WOMAN who knows that man is called to be the highest of living beings; and that she, as a woman, was conceived to be the most sublime of the universe's creations.

When I find her, I will love her intensely.

And I ask myself: might that WOMAN be you?

Rafael Martín del Campo

A marriage does not keep us united by chains, but by threads; hundreds of very fine threads which bind the lives of people over the years.

Anonymous

We do not marry one person, but three:

The one I believe him or her to be,
the one he or she really is,
and the one he or she will become as a result of having married me.

Anonymous

Estudia, trabaja, cásate y sé como quieras, hijo mío, siempre y cuando tus acciones conlleven la alegría de vivir.

Study, work, marry and be as you wish, my son, as long as your actions convey the joy of life.

Roger Patrón Luján

Tus hijos no son tus hijos

Tus hijos no son tus hijos.
Ellos son los hijos e hijas de la Vida deseosa de sí misma.

No vienen de ti sino a través de ti,
y aunque estén contigo no te pertenecen.

Puedes darles tu amor pero no tus pensamientos,
pues ellos tienen sus propios pensamientos.

Debes abrigar sus cuerpos pero no sus almas,
porque sus almas viven en la casa del mañana,
que no puedes visitar ni siquiera en tus sueños.

Puedes esforzarte en ser como ellos, pero no procures hacerlos semejantes a ti.
Porque la vida no retrocede ni se detiene en el ayer.

Ustedes son los arcos de los cuales sus hijos, como flechas vivas son lanzados.

El Arquero ve la marca en el camino de lo infinito,
y te dirige con su poder para que Sus flechas vayan raudas y lejanas.

Deja que la inclinación en Su mano de arquero sea para la felicidad;
porque así como Él ama la flecha que vuela, ama también el arco que es firme.

Gibrán Jalil Gibrán

Your children are not your children *

Your children are not your children.
They are the sons and daughters of Life's longing for itself.

They come through you but not from you,
And though they are with you yet they belong not to you.

You may give them your love but not your thoughts,
For they have their own thoughts.

You may house their bodies but not their souls,
For their souls dwell in the house of tomorrow,
which you cannot visit, not even in your dreams.

You may strive to be like them, but seek not to make them like you.
For life goes not backward nor tarries with yesterday.

You are the bows from which your children as living arrows are sent forth.

The Archer sees the mark upon the path of the infinite, and he bends you with his might that His arrows may go swift and far.

Let your bending in the Archer's hand be for gladness;
For even as He loves the arrow that flies, so He loves also the bow that is stable.

Khalil Gibran

Oración de un padre

Dame Señor, un hijo
que sea lo bastante fuerte para saber cuando es débil,
y lo bastante valeroso para enfrentarse a sí mismo cuando sienta miedo.

Un hijo que sea orgulloso e inflexible en la derrota,
y humilde y magnánimo en la victoria.

Dame un hijo que nunca doble la espalda cuando deba erguir el pecho.

Un hijo que sepa conocerte a Ti...
y conocerse a sí mismo, que es la piedra fundamental del conocimiento.

Condúcelo, te lo ruego, no por el camino cómodo y fácil,
sino por el camino áspero, aguijoneado por las dificultades y los retos.
Y ahí, déjalo aprender a sostenerse firme en la tempestad,
cuyos ideales sean altos.

Un hijo que se domine a sí mismo antes que pretenda dominar a los demás;
un hijo que avance hacia el futuro,
pero que nunca se olvide del pasado.

Y después de que todo eso sea de él,
agrégale, te lo suplico, suficiente sentido del humor,
de modo que pueda ser siempre serio,
pero que no se tome a sí mismo demasiado en serio.

Dale humildad,
para que pueda recordar siempre la sencillez de la verdadera grandeza,
la imparcialidad de la verdadera sabiduría
y la mansedumbre de la verdadera fuerza.

Entonces, yo, su padre, me atreveré a murmurar:

"No he vivido en vano".

                                                                    Douglas Mac Arthur

A father's prayer

Build me a son, O Lord,
who will be strong enough to know when he is weak,
and brave enough to face himself when he is afraid.

One who will be proud and unbending in honest defeat,
and humble and gentle in victory.

Build me a son whose wishes will not take the place of deeds.

A son who will know Thee...
and that to know himself is the foundation stone of knowledge.

Lead him, I pray, not in the path of ease and comfort,
but under the stress and spur of difficulties and challenge.
Here let him learn to stand up in the storm,
whose goal will be high.

A son who will master himself before he seeks to master other men;
one who will reach into the future,
yet never forget the past.

And after all these things are his,
add, I pray, enough of a sense of humor,
so that he may always be serious,
yet never take himself too seriously.

Give him humility,
so that he may always remember the simplicity of true greatness,
the open mind of true wisdom,
and the meekness of true strength.

Then, I his father, will dare to whisper:

"I have not lived in vain".

Douglas Mac Arthur

A mi hijo *

Hijo mío:

Si quieres amarme bien puedes hacerlo,
tu cariño es oro que nunca desdeño.

Mas quiero que sepas que nada me debes,
soy ahora el padre, tengo los deberes.

Nunca en la alegría de verte contento,
he trazado signos de tanto por ciento.

Mas ahora, mi niño, quisiera avisarte,
mi agente viajero llegará a cobrarte.

Presentará un cheque de cien mil afanes,
será un hijo tuyo, gota de tu sangre.

Y entonces mi niño, como un hombre honrado,
en tu propio hijo deberás pagarme.

Anónimo

Los niños son profundamente afectados por el ejemplo, y en segundo término por las explicaciones, cuando éstas son simples y claras.

Lo más importante es que crezcan en un ambiente libre de negatividad e impulsados a tener confianza y a expresar su propio ser.

Enséñalos a decir la verdad, a ser honestos y sinceros.

Esto es lo más importante.

Rodney Collin

To my son

My son:

If you wish to love me truly, you may do so,
your tenderness is gold that I will never reject.

I want you to know that you owe me nothing;
I am still the father, the duty is mine.

Never in the happiness of seeing you contented,
have I seen signs of material gains.

And now, my son, I must warn you,
my travel agent will come to collect.

He will present a check for one hundred thousand labors,
it will be your son, nurtured on your own blood.

And then, my son, like an honorable man,
in your own son you will pay me.

Anonymous

Children are profoundly affected by example, and secondarily by explanations, when these are simple and clear.

The most important thing is that they be able to grow in an atmosphere free from negativity and be encouraged to have confidence in themselves and express themselves.

Teach them to tell the truth, to be honest and sincere.

This is most important.

Rodney Collin

Ser hombre *

A mi hijo Michel, al cumplir sus quince años:

Ser hombre, hijo mío,
es pisar en las brazas del miedo,
y seguir caminando;
soportar el dolor de la carne en silencio y la aridez en los ojos,
mas dejar que las lágrimas fluyan,
si el quebranto es del alma.

Es cercar el valor de prudencia
y el ardor de cautela,
sin torcer el propósito,
sin mellar la decisión forjada en el tesón,
la paciencia, la razón, la experiencia
y la meditación.

Es pasar
- con los brazos ceñidos al cuerpo,
los labios inmóviles, conteniendo el aliento -
junto al castillo de arena
(que es la felicidad que construyó otro hombre)
si con tu palabra o al extender tu brazo,
pudieras derribarle.
¡Porque arruinar la dicha de tu prójimo
es más grave, peor, que introducir tu mano
en el bolsillo para robarle!

Hijo mío,
no desdeñes el oro,
más no dejes que el oro señoree tu vida.
Acumula bastante
para no tener nunca que extender tu mano a la piedad de otro,
y sí poder, en cambio,
poner algo en la mano que hacia ti se extiende.

Y al que te pide un pan, no le des consejo.
No te juzgues más sabio que aquel que busca ayuda.
Dale apoyo y aliento y comparte su carga;
dale tu oro y tu esfuerzo,
y después da el consejo.

To be a man

To my son Michel, upon turning fifteen.

> To be a man, my son,
> is to walk on the embers of fear,
> and keep walking;
> to endure the pain of the flesh in silence and with dry eyes,
> but to let the tears flow
> if the sorrow comes from the soul.
>
> It is to surround bravery with prudence
> and courage with caution,
> without veering from one's purpose,
> without altering the decision forged in constancy,
> patience, reason, experience
> and meditation.
>
> It is to walk by
> the sand-castle of another's happiness
> and, if one word or gesture
> could destroy it,
> to keep your hands by your side,
> your lips unmoving, holding your breath.
> Because to ruin the happiness of your fellow man
> is worse than putting your hand
> in his pocket to rob him!
>
>
> My son,
> do not disdain gold,
> but even more, do not let gold master your life.
> Accumulate enough
> to never need to reach out for another's pity,
> and to be able, on the other hand,
> to put something in the hand that reaches out to you.
>
> And to him who asks you for bread, do not give advice.
> Do not judge yourself wiser than he who seeks help.
> Give him support and encouragement and share his burden;
> give him your gold and your strength,
> and, only then, give him advice.

Al temor no le pongas el disfraz del perdón;
el valor, hijo mío, es la virtud más alta,
y confesar la culpa, el supremo valor.
No eches pues en los hombros de tu hermano la carga,
ni vistas a los otros con las ropas de tu error.

Es tu deber, si caes, no obstante la caída,
tu ideal y tu anhelo mantener siempre enhiestos;
y no buscar la excusa, ni encontrar la disculpa:
los héroes, hijo mío, nunca esgrimen pretextos.

La mentira es hollín, no te manches los labios.
Y no ostentes ser rico, ser feliz o ser sabio,
delante del que exhibe la llaga del fracaso.
No subleves la envidia, la admiración, los celos,
y busca la sonrisa, no busques el aplauso.

Y perdónale al mundo su error
si no valora tus merecimientos en lo que crees que valen;
(es probable, hijo mío, que el más justo avalúo
es el que el mundo hace).

Y por fin, hijo mío:
que no turbe tu sueño la conciencia intranquila;
que no mengüe tu dicha el despecho abrasivo,
ni tu audacia flaquee ante la adversidad.
No deforme tu rostro jamás la hipocresía
y no toque tu mano, traición o deslealtad.

Y aun hay más, hijo mío:
que al volver tu mirada
sobre el camino andado,
no haya lodo en tus pies,
ni se encuentre en tu huella
una espiga,
una mies,
o una flor pisoteada.

Hijo mío, es esto lo que esa breve frase,

SER HOMBRE, significa.

Elías M. Zacarías

Do not cloak your fear in the disguise of pardon;
courage, my son, is the highest virtue,
and the confession of guilt, the supreme value.
So do not put the burden on your brother's shoulders,
nor dress others in the clothes of your mistake.

If you fall, it is nonetheless your charge
to keep your ideals and your desires upright;
and to not seek excuse, nor find an apology:
heroes, my son, never wield pretexts.

Lies are soot, do not stain your lips.
And do not boast that you are rich, happy or wise
before him who bears the sore of failure.
Do not incite envy, admiration or jealousy;
seek smiles, not applause.

And forgive the world its mistake
if it does not value your merits for what you think they are worth;
(it is likely, my son, that the world's
is the most impartial judgment).

Finally, my son:
do not allow your sleep to be disturbed by a troubled conscience;
do not let your happiness be corroded by spite,
nor let your courage be weakened in the face of adversity.
Never allow hypocrisy to deform your face,
and let not treason or disloyalty touch your hand.

There is still more, my son:
when you look back
on the road you have walked,
may there be no mud on your feet,
and in your footprint
no twig,
nor grain,
nor flower trampled.

My son, this is what that short phrase,

TO BE A MAN, means.

Elias M. Zacarias

¿Qué es una niña?

Las niñas son las cosas más agradables que les suceden a las personas.

Nacen con un poco de brillo angelical y aunque algunas veces se desgasta, siempre hay suficiente para cautivar tu corazón, hasta cuando se sientan en el lodo o lloren temperamentalmente o se paseen por la calle con las mejores ropas de mamá.

Una niña puede ser más dulce (y más mala), más a menudo que nadie en el mundo. Puede corretear y tropezar y hacer ruidos raros que te enerven; sin embargo, precisamente cuando abres la boca, se queda quieta con esa mirada especial. Una niña es Inocencia jugando con el lodo, Belleza sosteniéndose en su cabeza y Maternidad jalando una muñeca por el pie.

Las niñas se encuentran en cinco colores --negro, blanco, rojo, amarillo o café-- sin embargo, la Madre Naturaleza siempre se las arregla para seleccionar tu color favorito cuando haces el pedido. Ellas desaprueban la ley de la oferta y la demanda --hay millones de niñas-- pero cada una es tan valiosa como los rubíes.

Dios pide prestado de varias criaturas para hacer a una niña. Usa el canto de un pájaro, el chillido de un cerdo, la terquedad de una mula, los gestos de un mono, la agilidad de un chapulín, la curiosidad de un gato, la velocidad de una gacela, la astucia de una zorra, la dulzura de un gatito y para completar, Él agrega la mente misteriosa de una mujer.

A una niña le gustan los zapatos nuevos, los vestidos para fiesta, los animalitos, el primer año, las matracas, la chica de enfrente, las muñecas, hacer-creer, las clases de baile, los helados, las cocinas, los libros para colorear, el maquillaje, las latas con agua, visitar, las fiestecitas y un niño.

A ella le desagradan las visitas, los niños en general, los perros grandes, la ropa usada, las sillas rectas, las verduras, los trajes para la nieve o quedarse en el patio.

Ella es la más ruidosa cuando tú estás pensando, la más bonita cuando te ha provocado, la más ocupada a la hora de dormir, la más callada cuando quieres presumirla y la más coqueta cuando definitivamente no debe obtener lo mejor de ti otra vez.

What is a girl? *

Little girls are the nicest things that happen to people.

They are born with a little bit of angel's glow about them, and though it wears thin sometimes, there is always enough left to lasso your heart-- even when they are sitting in the mud, or crying temperamental tears, or parading up the street in Mother's best clothes.   ·

A little girl can be sweeter (and badder), oftener than anyone else in the world. She can jitter around, and stomp, and make funny noises that frazzle your nerves, yet just when you open your mouth, she stands there demure with that special look in her eyes. A girl is Innocence playing in the mud, Beauty standing on its head, and Motherhood dragging a doll by the foot.

Girls are available in five colors --black, white, red, yellow and brown-- yet Mother Nature always manages to select your favorite color when you place your order. They disprove the law of supply and demand --there are millions of little girls-- but each is as precious as rubies.

God borrows from many creatures to make a little girl. He uses the song of a bird, the squeal of a pig, the stubbornness of a mule, the antics of a monkey, the spryness of a grasshopper, the curiosity of a cat, the speed of a gazelle, the slyness of a fox, the softness of a kitten, and to top it all off He adds the mysterious mind of a woman.

A little girl likes new shoes, party dresses, small animals, first grade, noise makers, the girl next door, dolls, make-believe, dancing lessons, ice cream, kitchens, coloring books, make up, cans of water, going visiting, tea parties and one boy.

She doesn't care so much for visitors, boys in general, large dogs, hand-me-downs, straight chairs, vegetables, snowsuits, or staying in the front yard.

She is loudest when you are thinking, the prettiest when she has provoked you, the busiest at bedtime, the quietest when you want to show her off, and the most flirtatious when she absolutely must not get the best of you again.

¿Quién puede causarte más pena, alegría, irritación, satisfacción, vergüenza y encanto genuino que esta combinación de Eva, Salomé y Florence Nightingale?

Ella puede desarreglar tu hogar, tu cabello y tu dignidad --gastar tu dinero, tu tiempo y tu paciencia-- y justamente cuando estás listo para explotar, su brillo encantador aparece y pierdes otra vez.

Sí, ella es una molestia que te enerva, sólo un manojito ruidoso de calamidades.

Pero cuando tus sueños desfallecen y el mundo es un desorden --cuando parece que tú eres un tonto después de todo-- ella puede hacerte un rey en el momento en que se trepa a tu rodilla y murmura,

"¡TE QUIERO!"

Alan Beck

Los niños son espejos:

En presencia del amor, es amor lo que reflejan. Cuando el amor está ausente, no tienen nada que reflejar.

Anthony de Mello

Who else can cause you more grief, joy, irritation, satisfaction, embarrassment, and genuine delight than this combination of Eve, Salome, and Florence Nightingale?

She can muss up your home, your hair, and your dignity --spend your money, your time, and your patience-- and just when your temper is ready to crack, her sunshine peeks through and you have lost again.

Yes, she is a nerve racking nuisance, just a noisy bundle of mischief.

But when your dreams tumble down and the world is a mess --when it seems you are pretty much of a fool after all-- she can make you a king when she climbs on your knee and whispers,

DADDY, I LOVE YOU BEST OF ALL!

Alan Beck

Children are like mirrors:

When they are in the presence of love, it is love they reflect. When love is absent, they have nothing to reflect.

Anthony de Mello

¿Qué es un niño?

Entre la inocencia de la infancia y la dignidad de la madurez, encontramos una encantadora criatura llamada niño.

Los niños vienen en diferentes medidas, pesos y colores, pero todos tienen el mismo credo: disfrutar cada segundo, de cada minuto, de cada hora, de cada día y de protestar ruidosamente (su única arma) cuando el último minuto se termina y los padres los meten a la cama.

A los niños se les encuentra donde quiera: encima, debajo, dentro, trepando, colgando, corriendo o brincando. Las mamás los adoran, las niñas los detestan, los hermanos mayores los toleran, los adultos los ignoran y el Cielo los protege.

Un niño es la Verdad con la cara sucia, la Belleza con una cortada en el dedo, la Sabiduría con el chicle en el pelo y la Esperanza del futuro con una rana en el bolsillo.

Cuando estás ocupado, un niño es un carnaval de ruido desconsiderado, molesto y entrometido. Cuando quieres que dé una buena impresión, su cerebro se vuelve de gelatina o se transforma en una criatura salvaje y sádica orientado a destruir el mundo y a sí mismo.

Un niño es una combinación --tiene el apetito de un caballo, la digestión de un traga-espadas, la energía de una bomba atómica, la curiosidad de un gato, los pulmones de un dictador, la imaginación de Julio Verne, la vergüenza de una violeta, la audacia de una trampa de fierro, el entusiasmo de una chinampina y cuando hace algo tiene cinco dedos en cada mano.

Le encantan los helados, las navajas, las sierras, las navidades, los libros de historietas, el chico de enfrente, el campo, el agua (pero no en la regadera), los animales grandes, papá, los trenes, los sábados por la mañana y los carros de bomberos.

Le desagrada las clases de Doctrina, estar acompañado, los colegios, los libros sin ilustraciones, las clases de música, las corbatas, los peluqueros, las niñas, los abrigos, los adultos y la hora de acostarse.

Nadie más se levanta tan temprano, ni se sienta a comer tan tarde. Nadie más se divierte tanto con los árboles, perros y la brisa. Nadie más puede traer en el bolsillo un cortaplumas oxidado, media manzana, un metro de cordel, un saco vacío, dos pastillas de chicle, seis monedas, una honda, un trozo de sustancia desconocida y un auténtico anillo supersónico con un compartimiento secreto.

What is a boy? *

Between the innocence of babyhood and the dignity of manhood we find a delightful creature called a boy.

Boys come in assorted sizes, weights, and colors, but all boys have the same creed: to enjoy every second of every minute of every hour of every day and to protest with noise (there only weapon) when their last minute is finished and the adult males pack them off to bed at night.

Boys are found everywhere --on top of, underneath, inside of, climbing on, swinging from, running around, or jumping to. Mothers love them, little girls hate them, older sisters and brothers tolerate them, adults ignore them, and Heaven protects them.

A boy is Truth with dirt on his face, Beauty with a cut in its finger, Wisdom with bubble gum in its hair, and the Hope of the future with a frog in its pocket.

When you are busy, a boy is an inconsiderate, bothersome, intruding jangle of noise. When you want him to make a good impression, his brain turns to jelly or else he becomes a savage, sadistic, jungle creature bent on destroying the world and himself with it.

A boy is a composite: he has the appetite of a horse, the digestion of a sword swallower, the energy of a pocket-size atomic bomb, the curiosity of a cat, the lungs of a dictator, the imagination of Jules Verne, the shyness of a violet, the audacity of a steel trap, the enthusiasm of a firecracker, and when he makes something he has five thumbs on each hand.

He likes ice cream, knives, saws, Christmas, comic books, the boy across the street, woods, water (in its natural habitat), large animals, dad, trains, Saturday mornings, and fire engines.

He is not much for Sunday School, company, schools, books without pictures, music lessons, neckties, barbers, girls, overcoats, adults, or bed time.

Nobody else is so early to rise, or so late to supper. Nobody else gets so much fun out of trees, dogs, and breezes. Nobody else can cram into his pocket a rusty knife, a half-eaten apple, three feet of string, an empty sack, two gum drops, six cents, a slingshot, a chunk of unknown substance, and a genuine supersonic ring with a secret compartment.

Un niño es una criatura mágica. Puedes cerrarle la puerta de tu despacho, pero no puedes cerrarle la puerta del corazón. Puedes sacarlo de tu estudio, pero no puedes sacarlo de tu mente.

Mejor ríndete -es tu amo, tu carcelero, tu jefe y tu maestro- una carita sucia, corretea-gatos, un manojito de ruido.

Pero cuando regresas a casa por las noches con tus sueños y esperanzas hechas trizas, él puede remediarlas y dejarlas como nuevas con dos mágicas palabras:

¡HOLA, PAPITO!

Alan Beck

Cultiva el amor a la lectura. No existe placer tan barato, tan inocente y tan remunerador como el goce positivo y cordial que procura el leer.

Robert Lowe

A boy is a magical creature. You can lock him out of your workshop, but you can't lock him out of your heart. You can get him out of your study, but you can't get him out of your mind.

Might as well give up--he is your captor, your jailor, your boss, and your master --a freckled-faced, pint-sized, cat chasing, bundle of noise.

But when you come home at night with your only the shattered pieces of your hopes and dreams, he can mend them like new with the two magic words:

HI, DADDY!

Alan Beck

Cultivate the love of reading. There is no pleasure so inexpensive, so naïve and so gratifying as the positive and cordial pleasure that reading provides.

Robert Lowe

Los niños aprenden lo que viven

Si un niño vive criticado,
    aprende a condenar.

Si un niño vive en un ambiente hostil,
    aprende a pelear.

Si un niño vive ridiculizado,
    aprende a ser tímido.

Si un niño vive avergonzado,
    aprende a sentirse culpable.

Si un niño vive con tolerancia,
    aprende a ser paciente.

Si un niño vive con aliento,
    aprende a tener confianza.

Si un niño vive estimulado,
    aprende a apreciar.

Si un niño vive con honradez,
    aprende a ser justo.

Si un niño vive con seguridad,
    aprende a tener Fe.

Si un niño vive con aprobación,
    aprende a valorarse.

Si un niño vive con aceptación y amistad,
    aprende a encontrar el Amor en el mundo.

Dorothy L.Nolte

Children learn what they live *

If a child lives with criticism,
    he learns to condemn.

If a child lives with hostility,
    he learns to fight.

If a child lives with ridicule,
    he learns to be shy.

If a child lives with shame,
    he learns to fell guilty.

If a child lives with tolerance,
    he learns to be patient.

If a child lives with encouragement,
    he learns confidence.

If a child lives with praise,
    he learns to appreciate.

If a child lives with fairness,
    he learns justice.

If a child lives with security,
    he learns to have faith.

If a child lives with approval,
    he learns to value himself.

If a child lives with acceptance and friendship,
    he learns to find love in the world.

Dorothy Nolte

El conocimiento nos conduce a lugares sin fronteras.

Knowledge leads us to places without frontiers.

Roger Patrón Luján

Parábola de la educación *

Iba un hombre caminando por el desierto cuando oyó una voz que le dijo:

--Levanta unos guijarros, mételos a tu bolsillo y mañana te sentirás a la vez triste y contento.

Aquel hombre obedeció. Se inclinó, recogió un puñado de guijarros y se los metió en el bolsillo.

A la mañana siguiente, vio que los guijarros se habían convertido en diamantes, rubíes y esmeraldas.

Y se sintió feliz y triste.

Feliz, por haber recogido los guijarros; triste, por no haber recogido más.

Lo mismo ocurre con la educación.

William Cunningham

Nunca se rebaja tanto el nivel de una conversación, como cuando se alza la voz.

Anónimo

Los ideales son como las estrellas: nunca las podemos tocar con las manos, pero al igual que los marinos en alta mar, las tenemos como nuestra guía y, siguiéndolas, llegamos a nuestro destino.

Carl Schurz

Lo que me molesta no es que me hayas mentido, sino que, de aquí en adelante, ya no podré creer en ti.

Anónimo

Parable of education

A man was walking through the desert when he heard a voice tell him,

- Pick up a few pebbles, put them in your pocket and tomorrow you will feel sad and happy at the same time.

The man obeyed. He bent over, collected a handful of pebbles and put them in his pocket.

The following day, he discovered that the pebbles had turned into diamonds, rubies and emeralds.

And he felt happy and sad.

Happy, because he had picked up the pebbles; sad, because he had not collected more.

The same thing happens with education.

William Cunningham

Never does the level of conversation fall so much, as when a voice is raised.

Anonymous

Ideals are like stars: we never reach them, but, like sailors on high sea, we chart our course by following them.

Carl Schurz

What bothers me is not that you have lied to me, but that, from now on, I won't be able to believe you.

Anonymous

Por favor, Dios mío... ¡sólo tengo 17 años! *

El día de mi muerte, fue tan común como cualquier día de mis estudios escolares.

Hubiera sido mejor que me hubiera regresado como siempre en el autobús, pero me molestaba el tiempo que tardaba en llegar a casa.

Recuerdo la mentira que le conté a mamá para que me prestara su automóvil; entre los muchos ruegos y súplicas, dije que todos mis amigos manejaban y que consideraría como un favor especial si me lo prestaba.

Cuando sonó la campana de las 2:30 de la tarde para salir de clases, tiré los libros al pupitre porque estaría libre hasta el otro día a las 8:40 de la mañana; corrí eufórico al estacionamiento a recoger el auto, pensando sólo en que iba a manejarlo a mi libre antojo.

¿Cómo sucedió el accidente? Esto no importa. Iba corriendo con exceso de velocidad, me sentía libre y gozoso, disfrutando el correr del auto. Lo último que recuerdo es que rebasé a una anciana, pues me desesperó su forma tan lenta de manejar.

Oí el ensordecedor ruido del choque y sentí un tremendo sacudimiento... Volaron fierros y pedazos de vidrio por todas partes; sentía que mi cuerpo se volteaba al revés y escuché mi propio grito.

De repente desperté. Todo estaba muy quieto y un policía estaba parado junto a mí. También vi a un doctor. Mi cuerpo estaba destrozado y ensangrentado, con pedazos de vidrio encajados por todas partes. Cosa rara, no sentía ningún dolor.

¡Hey! No me cubran la cabeza con esa sábana. ¡No estoy muerto, sólo tengo 17 años! Además tengo una cita por la noche. Todavía tengo que crecer y gozar una vida encantadora... ¡No puedo estar muerto!

Después me metieron a una gaveta. Mis padres tuvieron que identificarme. Lo que más me apenaba es que me vieran así, hecho añicos.

Me impresionaron los ojos de mamá, cuando tuvo que enfrentarse a la más terrible experiencia de su vida. Papá envejeció de repente cuando le dijo al encargado del anfiteatro: "Sí... éste es mi hijo".

Please, God, I'm only 17!

The day of my death was as ordinary as any school day.

It would have been better if I had taken the bus, as always, but I was annoyed with the long ride home.

I remember the lie I told muy mother to convince her to lend me her car; begging and pleading, I told her that all my friends drive and I would consider it a special favor if she would lend it to me.

When the school bell rang at 2:30 that afternoon, I threw my books inside my desk, as I wouldn't need them until the next morning at 8:40. I ran euphoric to the parking lot to get the car, thinking only about the freedom to drive it as I pleased.

How did the accident happen? It doesn't matter. I was going over the speed limit, feeling free and happy, enjoying the ride. The last thing I remember is that I passed and old woman, exasperated by her slow speed.

Then I heard the deafening noise and force of the crash and felt a tremendous jolt... Pieces of metal and glass were flying all over the place; I felt my body going inside out and I heard my own scream.

Suddenly I awoke. Everything was very quiet and a policeman was standing by my side. I also saw a doctor. My body was broken and bleeding, studded with pieces of glass. Strangely, I felt no pain.

Hey! Don't put that sheet over my head. I'm not dead, I'm only 17! And I have a date tonight. I still have to grow and enjoy a wonderful life... I can't be dead!

Then they put me in a box. My parents had to identify me. The worst thing was that they had to see me like this, all smashed up, in bits and pieces.

I was shocked by Mom's eyes, when she had to face the most terrible experience of her life. Dad seemed to age suddenly when he told the morgue attendant: "Yes... this is my son".

El funeral fue una experiencia macabra. Vi a todos mis parientes y amigos acercarse a la caja mortuoria. Pasaron uno a uno con los ojos entristecidos; algunos de mis amigos lloraban, otros me tocaban las manos y sollozaban al alejarse.

¡Por favor, alguien que me despierte! Sáquenme de aquí, no aguanto ver inconsolables a papá y mamá. La aflicción de mis abuelos, apenas les permite andar... mis hermanas y hermanos parecen muñecos de trapo. Pareciera que todos estuvieran en trance. Nadie quiere creerlo, ni yo mismo.

¡Por favor, no me pongan en la fosa! Te prometo Dios mío, que si me das otra oportunidad seré el más cuidadoso del mundo al manejar. Sólo quiero una oportunidad más.

Por favor, Dios mío...¡Sólo tengo 17 años!

Anónimo

No hay mayor pobreza que la soledad.

Madre Teresa de Calcuta

The funeral was a gruesome experience. I watched all my relatives and friends approach the coffin. They went by with saddened eyes; some of my friends were crying, others touched my hands and sobbed as they walked away.

Someone please wake me up! Get me out of here, I can't bear seeing my parents so disconsolate. My grandparents' grief is such that they can hardly walk... My brothers and sisters look ragged. Everyone is in a trance. Nobody can believe it, not even me.

Please, don't put me in the grave! I promise, God, that if you give one more chance I'll be the world's most careful driver. All I want is one more chance.

Please, God... I'm only 17!

Anonymous

There is no greater poverty than solitude.

Mother Theresa of Calcutta

Tres cosas *

Conozco "Tres Cosas Preciosas".
Estimo y conservo las tres.
La primera de ellas es el Amor,
la segunda es la Austeridad,
la tercera es la Humildad.

Con Amor se puede ser valeroso,
con Amistad se puede ser generoso,
con Humildad se puede progresar.

Si los hombres no sienten Amor,
no tienen móvil para la valentía.
Si no tienen Austeridad,
carecen de reservas para ser generosos.
Si no son Humildes,
no progresan porque no tendrán una meta que alcanzar.

Y cuando llega la muerte,
les domina el miedo, el dolor y la ignorancia.

Lao-Tse

Todos saben

Cuando todos saben que la belleza es belleza,
esto es malo.

Cuando todos saben que lo bueno es bueno,
esto no es bueno.

Por lo tanto, ser y no-ser se hacen el uno para el otro:
La dificultad y la facilidad se complementan,
lo largo y lo corto se forman,
lo alto y lo bajo se contrastan,
la voz y el eco se conforman,
antes y después van de la mano.

Por ello, los sabios manejan un servicio sin esfuerzo
y llevan nuestra guía silenciosa.
Todos los seres trabajan, sin excepción:
Si se mantienen sin ser posesivos,
actúan sin presunción,
y no permanecen en el éxito.
Entonces, por ésta no permanencia
el éxito no se marchará.

Lao-Tse

Three things

I know of "Three Precious Things"
I value and preserve the three.
The first is Love,
the second is Austerity,
the third is Humility.

With Love we can be valiant,
with Austerity we can be generous,
with Humility we can keep going forward.

Those who do not feel Love
have no motive for bravery.
Those who do not have Austerity
are unable to be generous.
Those who are not Humble,
do not go forward, because they have no goal.

And when death arrives,
fear, pain and ignorance overcome them.

Lao-Tzu

Everyone knows *

When everyone knows beauty is beauty,
this is bad.

When everyone knows good is good,
this is not good.

So being and nonbeing produce each other:
difficulty and ease complement each other,
long and short shape each other,
high and low contrast with each other,
voice and echoes conform to each other,
before and after go along with each other.

So sages manage effortless service
and carry our unspoken guidance.
All beings work, without exception:
if they lie without possessiveness,
act without presumption,
and do not dwell on success,
then by this very non-dwelling
success will not leave.

Lao-Tzu

Las palabras

Las palabras que expresan la verdad, no son agradables;
las palabras que son agradables, no expresan la verdad.

Un hombre bueno, no discute;
el que discute, no es hombre bueno.

El Sabio no conoce muchas cosas;
el que conoce muchas cosas, no es sabio.

El Sabio no acumula para sí;
mientras más vive para otros, más vive para él mismo.

Mientras más da;
más tiene para sí mismo.

El Camino al Cielo es beneficiar a los demás y no dañar;
el Camino del sabio es hacer pero no competir.

Lao-Tse

Cuando las cosas *

Cuando las cosas no se desean,
es cuando llegan.

Cuando las cosas no se temen,
es cuando se alejan.

Por eso el Sabio
quiere conocerse a sí mismo,
pero no se manifiesta.

Ama a Dios,
pero no se exalta por la religión.

Rechaza la violencia,
y se afirma en la calma.

Lao-Tse

Words *

True words are not beautiful;
beautiful words are not true.

A good man does not argue;
he who argues is not a good man.

The wise man has no extensive knowledge;
he who has extensive knowledge is not wise man.

The sage does not accumulate for himself;
the more he lives for others, the more he has for himself.

The more he gives to others;
the more he possesses of his own.

The Way of Heaven is to benefit others and not to injure;
the Way of the sage is to act but not to compete.

Lao-Tzu

Things come

Things come
when they are not desired.

Things depart
when they are not feared.

For this reason, the wise man
desires to know himself,
but does not show it.

He loves God,
but does not exalt religion.

He rejects violence,
and affirms tranquility.

Lao-Tzu

Se necesita valor para... *

Se necesita valor:

Para ser lo que somos y no pretender lo que no somos.

Para vivir honradamente dentro de nuestros recursos y no deshonestamente a expensas de otro.

Para decir rotunda y firmemente "no" cuando los que nos rodean dicen que "sí".

Para negarse a hacer una cosa mala aunque otros la hagan.

Para pasar las veladas en casa tratando de aprender.

Para huir de los chismes, cuando los demás se deleitan con ellos.

Para defender a una persona ausente, a quien se critica abusivamente.

Para ver en las ruinas de un desastre que nos mortifica, humilla y traba, los elementos de un futuro éxito.

Para ser verdadero hombre o mujer aferrados a nuestras ideas, cuando éstas parecen ser extrañas a otros.

Para guardar silencio en ocasiones en que una palabra nos limpiaría del mal que se dice de nosotros, pero que perjudicaría a otra persona.

Para vestirnos según nuestros ingresos y negarnos a lo que no podemos comprar.

Para alternar con la gente sin tener automóvil propio.

Creo difícil que en menos palabras puedan reunirse tan sabios conceptos y tan juiciosas advertencias.

Pensar un instante nada más en cada una de ellas y procurar seguirlas, sería sin duda una gran enseñanza.

Rosario Sansores

We need courage...

We need courage:

To be what we are and not pretend to be what we are not.

To live honestly with what we have and not dishonestly at the expense of others.

To say "no" forcefully and firmly, when those around us say "yes".

To refuse to do a wrong although others do it.

To stay up late at home trying to learn.

To avoid gossip, when others delight in it.

To defend someone who is absent and who is criticized cruelly.

To see in the ruins of a disaster that mortifies us, the elements of future success.

To be truly a man or a woman committed to our ideas when these make us appear strange to others.

To keep silent, when a single word would erase whatever wrong is said about us, but which might hurt another person.

To dress in accordance with our income and to say "no" to whatever we cannot afford to buy.

To mix with people even though we don't own a car.

I find it difficult to join together in fewer words such wise concepts and such judicious admonitions.

To think of each one for a moment and strive to follow it, would undoubtedly be a great education.

Rosario Sansores

Si

Si puedes estar firme cuando a tu alrededor
    todo el mundo se ofusca y tacha tu entereza.
Si cuando dudan todos, confías en tu valor,
    y al mismo tiempo sabes excusar tu flaqueza.
Si puedes esperar y a tu afán poner brida,
    o blanco de mentiras, esgrimir la verdad,
o siendo odiado, al odio no darle cabida,
    y ni ensalzas tu juicio, ni ostentas tu bondad.

Si sueñas --pero el sueño no se vuelve tu rey;
    si piensas-- y el pensar no mengua tus ardores.
Si el Triunfo y el Desastre no te imponen tu ley
    y los tratas lo mismo, como a dos impostores.
Si puedes soportar que tu frase sincera,
    sea trampa de necios en boca de malvados,
o mirar hecha trizas tu adorada quimera
    y tornar a forjarla con inútiles mellados.

Si todas tus ganancias poniendo en un montón,
    las arriesgas osado en un golpe de azar, y las pierdes,
y luego con bravo corazón,
    sin hablar de tus pérdidas vuelves a comenzar.
Si puedes mantener en la ruda pelea,
    alerta el pensamiento y el músculo tirante,
para emplearlos cuando en ti todo flaquea,
    menos la Voluntad que te dice: "adelante".

Si entre la turba das a la virtud abrigo;
    si marchando con Reyes del orgullo has triunfado;
si no pueden herirte ni amigo ni enemigo;
    si eres bueno con todos, pero no demasiado;
y si puedes llenar los preciosos minutos,
    con sesenta segundos de combate bravío-
tuya es la Tierra y todos sus codiciados frutos,
    y--lo que más importa-- ¡serás Hombre, hijo mío!

Rudyard Kipling

No tomes la vida demasiado en serio, nunca saldrás vivo de ella.

Elbert Hubbard

If *

If you can keep your head when all about you
     are losing theirs and blaming it on you.
If you can trust yourself when all men doubt you,
     but make allowance for their doubting too.
If you can wait and not be tired by waiting,
     or being lied about, don't deal in lies,
or being hated, don't give way to hating,
     And yet don't look too good, nor talk too wise.

If you can dream --and not make dreams your master;
     if you can think-- and not make thoughts your aim;
if you can meet with Triumph and Disaster
     and threat those two impostors just the same;
if you can bear to hear the truth you've spoken
     twisted by knaves to make a trap for fools,
or watch the things you gave your life to, broken,
     and stoop and build them up with worn-out tools;

If you can make one heap of all your winnings
     and risk it on one turn of pitch-and-toss,
and lose, and start again at your beginnings,
     and never breathe a word about your loss.
If you can force your heart and nerve and sinew
     to serve your turn long after they are gone,
and so hold on when there is nothing in you
     except the Will which says to them: "Hold on!";

If you can talk with crowds and keep your virtue,
     or walk with Kings --nor lose the common touch.
If neither foes nor loving friends can hurt you;
     if all men count with you, but none too much.
If you can fill the unforgiving minute
     with sixty seconds' worth of distance run--
yours is the Earth and everything that's in it,
     and --which is more-- you'll be a Man, my son!

Rudyard Kipling

Do not take life too seriously, you'll never get out of it alive.

Elbert Hubbard

Todo lo que necesito saber lo aprendí en kindergarden

Todo lo que es necesario saber para vivir, cómo hacer y cómo ser, lo aprendí en kindergarden. La sabiduría no se encuentra al final de la maestría universitaria, sino en la pila de arena de la escuela dominical.

Esto es lo que aprendí:

> Comparte todo.
> Juega limpio.
> No golpees a las personas.
> Pon las cosas donde las encontraste.
> Limpia tu tiradero.
> No tomes lo que no te pertenece.
> Pide perdón cuando hieras a alguien.
> Lávate las manos antes de comer.
> Jálale.
> Pan caliente y leche fría son buenos para ti.

Vive una vida equilibrada y,

> aprende algo,
> piensa algo,
> y dibuja,
> y pinta,
> y canta,
> y baila,
> y juega,
> y trabaja cada día un poco.
> Duerme una siesta por las tardes.

Cuando salgas al mundo, pon atención, tómate de las manos y permanece unido.

¡Maravíllate!

Toma cualquiera de estos puntos y aplícalos al sofisticado mundo de los adultos y a tu vida familiar, a tu trabajo, al gobierno y al mundo, y verás que sostiene la verdad clara y firme.

¡Piensa qué clase de mundo tendríamos si todas las personas se comportaran así!

Robert Fulghum

All I really need to know I learned in kindergarten *

All I really need to know about how to live and what to do and how to be I learned in kindergarten. Wisdom was not at the top of the graduate-school mountain, but there in the sandpile at Sunday School.

These are the things I learned:

> Share everything.
> Play fair.
> Don't hit people.
> Put things back where you found them.
> Clean up your own mess.
> Don't take things that aren't yours.
> Say you're sorry when you hurt somebody.
> Wash your hands before you eat.
> Flush.
> Warm cookies and cold milk are good for you.

Live a balanced life and,

> Learn some,
> think some,
> and draw,
> and paint,
> and sing,
> and dance,
> and play,
> and work every day some.
> Take a nap every afternoon.

When you go out into the world, watch out for the traffic, hold hands, and stick together.

Be aware of wonder!

Take any one of those items and extrapolate it into sophisticated adult terms and apply it to your family life or your work or your government or your world, and it holds true and clear and firm.

Think what a better world it would be if all the world behaved so!

Robert Fulghum

La vida es una oportunidad

La vida es una oportunidad, aprovéchala.

La vida es belleza, admírala.

La vida es dicha, saboréala.

La vida es un sueño, hazlo realidad.

La vida es un reto, afróntalo.

La vida es un deber, cúmplelo.

La vida es un juego, juégalo.

La vida es costosa, cuídala.

La vida es riqueza, consérvala.

La vida es amor, gózala.

La vida es un misterio, devélalo.

La vida es una promesa, lógrala.

La vida es tristeza, supérala.

La vida es un himno, cántalo.

La vida es un combate, acéptalo.

La vida es una tragedia, enfréntala.

La vida es aventura, arróstrala.

La vida es suerte, persíguela.

La vida es preciosa, no la destruyas.

La vida es la VIDA, defiéndela.

Madre Teresa de Calcuta

Life is an opportunity *

Life is an opportunity, benefit from it.

Life is beauty, admire it.

Life is bliss, taste it.

Life is a dream, realize it.

Life is a challenge, meet it.

Life is a duty, complete it.

Life is a game, play it.

Life is costly, care for it.

Life is wealth, keep it.

Life is love, enjoy it.

Life is mystery, know it.

Life is a promise, fulfill it.

Life is sorrow, overcome it.

Life is a song, sing it.

Life is a struggle, accept it.

Life is a tragedy, confront it.

Life is an adventure, bear it.

Life is luck, pursue it.

Life is too precious, do not destroy it.

Life is LIFE, fight for it.

Mother Theresa of Calcutta

El efecto del ejemplo

¿Quieres ser una influencia positiva para el mundo?

Primero, pon en orden tu vida. Básate en el principio único, de manera que tu conducta sea íntegra y eficaz. Si así haces, ganarás respeto y serás una influencia poderosa.

Tu conducta influencía a otros por el efecto del ejemplo. El efecto del ejemplo es eficaz porque todos tienen influencia en todos. La gente poderosa tiene poderosa influencia.

Si tu vida funciona, influenciarás a tu familia.

Si tu familia funciona, tu familia influenciará a la comunidad.

Si tu comunidad funciona, tu comunidad influenciará al país.

Si tu país funciona, tu país influenciará al mundo.

Si tu mundo funciona, el efecto del ejemplo se repartirá por el Cosmos.

Recuerda que tu influencia empieza en ti y se multiplica hacia afuera. Por lo tanto, asegúrate de que tu influencia sea a la vez potente e íntegra.

¿Cómo sabrás si esto funciona?

Todo crecimiento avanza hacia afuera de un núcleo fértil y potente.

¡TÚ ERES ESE NÚCLEO!

Lao-tse

Haz todo el bien que puedas,
por todos los medios que puedas,
de todas las maneras que puedas,
en todos los lugares que puedas,
todas las veces que puedas,
a todo la gente que puedas,
durante todo el tiempo que puedas...
y no lo menciones.

John Wesley

The ripple effect *

Do you want to be a positive influence in the world?

First, get your own life in order. Ground yourself in this single principle so that your behavior is wholesome and effective. If you do that, you will earn respect and be a powerful influence.

Your behavior influences others through a ripple effect. A ripple effect works because everyone influences everyone else. Powerful people are powerful influences.

> If your life works, you will influence your family.
>
> If your family works, your family influences the community.
>
> If your community works, your community influences the nation.
>
> If your nation works, your nation influences the world.
>
> If your world works, the ripple effect spreads throughout the Cosmos.

Remember that your influence begins with you and ripples outward. So be sure that your influence is both potent and wholesome.

How do I know that this works?

All growth spreads outward from a fertile and potent nucleus.

YOU ARE THAT NUCLEUS!

Lao-Tzu

Do all the good you can,
by all the means you can,
in all the ways you can,
in all the places you can,
at all the times you can,
to all the people you can,
as long as you can...
and don't mention it.

John Wesley

Procura imprimir estos preceptos en tu memoria

Procura imprimir estos preceptos en tu memoria:
Examina tu carácter. No propales tus pensamientos,
ni ejecutes nada inconveniente.

Sé sencillo, pero no en modo vulgar.

Los amigos que escojas y cuya adopción hayas puesto a prueba,
sujétalos a tu alma, con garfios de acero;
pero no encallezca tu mano con agasajos
a todo camarada, recién salido del cascarón.

Guárdate de andar en pendencia, pero, una vez en ella,
obra de modo que sea el contrario quien se guarde de ti.

Presta a todos tu oído, pero a pocos tu voz,
toma la crítica de la gente, pero resérvate tu juicio.

Que tu vestido sea tan costoso, como tu bolso lo permita,
pero sin afectación en la hechura: rico, pero no extravagante;
porque el traje revela al sujeto,
y en Francia, las personas de más alto rango y posición,
son en esto, modelo de finura y esplendidez.

No pidas ni des prestado a nadie,
pues el prestar hace perder a un tiempo al dinero y al amigo;
y el tomar prestado embota el filo de la armonía.

Y sobre todo: sé sincero contigo mismo,
y de ello se seguirá, como la noche al día,
que nunca puedas ser falso con nadie.

William Shakespeare

*Si te atrae una lucecita, síguela, si te conduce al pantano, ya saldrás de él. Pero si
no la sigues, toda la vida te mortificarás pensando que acaso era tu estrella.*

Séneca

Inscribe these few precepts in thy memory *

And these few precepts in thy memory inscribe.
Look thou character. Give thy thoughts no tongue,
nor any unproportion'd thought his act.

Be thou familiar, but by no means vulgar.

The friends thou hast, and their adoption tried,
grapple them to thy soul with hooks of steel;
but do not dull thy palm with entertainment
of each new-hatch'd, unfledg'd comrade.

Beware of entrance to a quarrel, but, being in,
bear't that the opposer may beware of thee.

Give every man thine ear, but few thy voice,
take each man's censure, but reserve thy judgment.

Costly thy habit, as thy purse can buy,
but not express'd in fancy: rich, not gaudy:
for the apparel oft proclaims the man;
and they in France of the best rank and station,
are most select and generous, chief in that.

Neither a borrower nor a lender be,
for loan oft loses both itself and friend,
and borrowing dulls the edge of husbandry.

This above all: to thine own self be true;
and it must follow, as the night the day,
thou canst not then be false to any man.

William Shakespeare

If a light attracts you, follow it. If it takes you to a swamp, you'll manage to get out. But if you don't follow it, you'll spend the rest of your life wondering if it was your star.

Seneca

Nunca... *

Nunca digas todo lo que sabes,
nunca hagas todo lo que puedes,
nunca creas todo lo que oyes,
nunca gastes todo lo que tienes.

Porque quien dice todo lo que sabe,
hace todo lo que puede,
cree todo lo que oye,
y gasta todo lo que tiene...

... un día dirá lo que no sabe,
hará lo que no debe,
juzgará lo que no ve,
y gastará lo que no tiene.

Inscripción en las Ruinas de Persépolis

*He aprendido a amar... tanto al sol como a la lluvia, a la pregunta como a la respuesta,
a la compañía como a la soledad.*

Irene Fohri

Todo lo que embellece, nutre y alienta la vida, es bueno.

Todo lo que afea, mutila y apaga, es malo.

Albert Schweitzer

Never...

Never say all you know,
never do all you can,
never believe all you hear,
never spend all you have.

Because he who says all he knows,
does all he can,
believes all he hears
and spends all he has...

... some day will say what he does not know,
do what he should not do,
judge what he does not see,
and spend what he does not have.

Inscription at the Ruins of Persepolis

I have learned to Love...the sun as much as the rain, the question as much as the answer, companionship as much as solitude.

Irene Fohri

All that beautifies, nurtures and sustains life, is good.

All that brings ugliness, mutilates and extinguishes, is bad.

Albert Schweitzer

Se ennoblece tu vida *

Cultivando tres cosas:
  La bondad, la sabiduría y la amistad.

Buscando tres cosas:
  La verdad, la filosofía y la comprensión.

Amando tres cosas:
  La caballerosidad, el valor y el servicio.

Gobernando tres cosas:
  El carácter, el lenguaje y la conducta.

Apreciando tres cosas:
  La cordialidad, la alegría y la decencia.

Defendiendo tres cosas:
  El honor, los amigos y los débiles.

Admirando tres cosas:
  El talento, la dignidad y la gracia.

Excluyendo tres cosas:
  La ignorancia, la ofensa y la envidia.

Combatiendo tres cosas:
  La mentira, el ocio y la calumnia.

Conservando tres cosas:
  La salud, el prestigio y el buen humor.

Anónimo

Sólo la reconciliación salvará al mundo; no la justicia, que suele ser una forma de venganza.

Anónimo

Your life is ennobled

By cultivating three things:
Goodness, wisdom and friendship.

Seeking three things:
Truth, philosophy and understanding.

Loving three things:
Courtesy, bravery and service.

Governing three things:
Character, language and conduct.

Appreciating three things:
Cordiality, happiness and decency.

Defending three things:
Honor, friends and the feeble.

Admiring three things:
Talent, dignity and grace.

Excluding three things:
Ignorance, offense and envy.

Fighting three things:
Lies, laziness and slander.

Preserving three things:
Health, prestige and good humor.

Anonymous

Only reconciliation will save the world; not justice, which tends to be a form of vengeance.

Anonymous

Lo más importante no es "trabajar", sino "producir" y disfrutar el fruto de nuestro trabajo.

The most important thing is not simply "to work", but "to accomplish" and enjoy the fruit of your effort.

Roger Patrón Luján

No cuesta ningún trabajo... *

Porque la mitad de nuestros fracasos y desengaños provienen precisamente de ese afán de querer ser lo que no somos y en querer aparentar lo que tampoco somos, empeñándonos en vivir fuera de la realidad.

Hay quienes, por querer aparentar una riqueza que no tienen, se llenan de deudas que acaban por robarles el sueño y la tranquilidad.

No hay, ni puede haber humillación en reconocer nuestros yerros y procurar corregirlos.

No cuesta ningún trabajo ser honrado.

¡Un nombre limpio es el mejor tesoro y la mejor herencia que podemos legar a nuestros hijos!

Rosario Sansores

Conseguirás la grandeza, cuando prescindas de la dignidad de los que están por encima de ti y hagas que los que están por debajo prescindan de tu dignidad.

Cuando no seas arrogante con el humilde, ni humilde con el arrogante.

Anthony de Mello

Lo que es bueno para ti, puede no serlo para otros. ¿Entonces, qué te hace pensar que tu manera es la mejor?

Anónimo

It takes no effort...

Because half of our failures and disappointments derive from the desire to be what we are not and to appear as we are not, trying to live outside of reality.

There are those who, wishing to give the appearance of wealth which they do not have, load themselves with debts that rob them of their sleep and tranquility.

There is not, and cannot be, humiliation in recognizing our errors and in trying to correct them.

It takes no effort to be honest.

A spotless name is the greatest treasure and the greatest legacy we can leave to our children!

Rosario Sansores

You achieve greatness when you are oblivious of the dignity of those above you, and make those below you oblivious of yours.

When you are neither haughty with the humble nor humble with the arrogant.

Anthony de Mello

What works for you may not work for someone else. So what makes you think your way is so much better?

Anonymous

Toma tiempo para pensar *

Toma tiempo para pensar,
   es el recurso del poder.

Toma tiempo para jugar,
   es el secreto de la eterna juventud.

Toma tiempo para leer,
   es la fuente de la sabiduría.

Toma tiempo para orar,
   es el más grande poder en la tierra.

Toma tiempo para ser amigable,
   es el camino de la felicidad.

Toma tiempo para reír,
   es la música del alma.

Toma tiempo para dar,
   es demasiado corta la vida para ser egoísta.

Toma tiempo para trabajar,
   es el precio del éxito.

Toma tiempo para dar Amor,
   es la llave del cielo.

Anónimo

Dame, Señor,
   agudeza para entender,
   capacidad para retener,
   método y facultad para aprender,
   sutileza para interpretar,
   gracia y abundancia para hablar.

Dame, Señor,
   acierto al empezar,
   dirección al progresar
   y perfección al acabar.

Santo Tomás de Aquino

Take time to think

Take time to think,
  it is the source of power.

Take time to play,
  it is the secret of eternal youth.

Take time to read,
  it is the fount of wisdom.

Take time to pray,
  it is the greatest power on earth.

Take time to be friendly,
  it is the road to happiness.

Take time to laugh,
  it is the music of the soul.

Take time to give,
  life is too short to be selfish.

Take time to work,
  it is the price of success.

Take time to give Love,
  it is the key to heaven.

Anonymous

Grant me, Father,
  keenness to understand,
  capacity to retain,
  method and ability to learn,
  subtlety to interpret,
  grace and abundance to speak.

Grant me, Father,
  ability to begin,
  direction to progress,
  and perfection at the end.

Saint Thomas Aquinas

Tú decides *

Hasta el día de hoy, has vivido buscando y encontrando una causa del por qué no te salen bien las cosas. Tener siempre "una buena razón" para justificarte es fácil, pero nunca te conducirá al logro de tus objetivos.

Aceptar y ejercer tu responsabilidad personal, implica deshacerte del salvavidas que medio te mantiene a flote y probarte que eres capaz de hacerlo por ti mismo y más aún, que eres capaz de avanzar en la dirección que tú deseabas.

¡TÚ DECIDES!

Si sigues responsabilizando a los demás de tus desventuras y permites que un "así soy yo, ¿qué quieres que haga?" te detenga, y si continúas actuando conforme a lo que te indican los demás y aceptas que otras personas sean las que te digan qué está bien y qué está mal...

¡Por favor, no te quejes cuando no consigas lo que quieres! Las personas, aun las que te aman, no saben a dónde vas.

¡ESA DECISIÓN ES SÓLO TUYA!

Ejercerla, es aceptar que tu vida tiene una razón de ser y que es tu responsabilidad encontrarla, como tuya será también la satisfacción de haberla alcanzado.

Anónimo

El que degrada a los demás, se degrada a sí mismo.

Anónimo

La paciencia es la virtud de los fuertes.

Anónimo

No hay víctimas, sólo voluntarios.

Anónimo

It's your decision

Up to now, you have lived seeking and finding a reason for why things don't work out for you. It is easy to always have "a good reason" to justify yourself, but this will never help you to achieve your goals.

Accepting and exercising your personal responsibility involves throwing off the life preserver that keeps you half afloat, and proving that you are capable of doing it by yourself --and furthermore, that you are capable of advancing in the direction that you desire.

    YOU DECIDE!

If you continue to blame others for your misfortunes and allow yourself to be held back by saying, "That's just the way I am," or "What do you want me to do?" and if you continue acting according to what others tell you and allow other people to tell you what is good and what is bad...

Then please don't complain when you don't get what you want! Other people, even those who love you, don't know where you are going.

    THE DECISION IS YOURS ALONE!

And to make it is to accept that your life has a reason for being and that it is your responsibility to find it, as yours will be the feeling of satisfaction in achieving it.

Anonymous

He who degrades others, degrades himself.

Anonymous

Patience is the virtue of the strong.

Anonymous

There are no victims, only volunteers.

Anonymous

El verdadero disfrute

Este es el verdadero disfrute de la vida, el ser utilizado para un propósito reconocido por uno mismo como extraordinario; el ser utilizado totalmente antes de morir; el ser una fuerza de la Naturaleza en lugar de un individuo egoísta, pequeño, acalenturado, lleno de temores y achaques, quejándose porque el mundo no se dedica a hacerlo feliz.

Creo que mi vida pertenece a toda la humanidad, y, mientras yo viva, es mi privilegio hacer por ella cuanto pueda.

Mientras más duro trabaje, más demostraré mi amor y mi regocijo en la vida por la vida misma.

La vida no es "una vela efímera". Es una antorcha espléndida, y quiero que se queme tan brillantemente como sea posible, antes de entregarla a las generaciones futuras.

George Bernard Shaw

En última instancia, la solución de los problemas no consiste en HACER, ni en dejar de HACER, sino en COMPRENDER; porque donde hay verdadera comprensión, no hay problemas.

Anthony de Mello

El que ríe, perdura.

Wilferd A. Peterson

The true joy *

This is the true joy in life, being used for a purpose recognized by yourself as a mighty one; being thoroughly worn out before you are thrown on the scrap heap; being a force of Nature instead of a feverish selfish little clod of ailments and grievances complaining that the world will not devote itself to making you happy.

I think my life belongs to all humanity, and, while I live, it is my privilege to do for it as much as I can.

The harder I work, the more I demonstrate my love and happiness in life by living it.

Life is not a "brief candle". It is a splendid torch that I want to make burn as brightly as possible before handing it on to future generations.

George Bernard Shaw

In the final analysis, the solution to problems is not in DOING, or in ceasing to DO, but in UNDERSTANDING; because where there is true understanding, there are no problems.

Anthony de Mello

He who laughs, lasts.

Wifred A. Peterson

No desistas

Cuando vayan mal las cosas como a veces suelen ir,
cuando ofrezca tu camino sólo cuestas que subir,
cuando tengas poco haber, pero mucho que pagar,
y precises sonreír aun teniendo que llorar,
cuando ya el dolor te agobie y no puedas ya sufrir,
descansar acaso debes, ¡pero nunca desistir!

La vida es curiosa con sus viros y virajes,
como a veces se comprende con un solo aprendizaje,
y a menudo un fracaso pudiera haberse evitado
y también ganado si se hubiera insistido;
no desistas, aunque el paso parezca lento,
quizás logres el triunfo con un solo intento.

Con frecuencia la meta no está tan distante
para ese hombre débil y titubeante,
con frecuencia el luchador se da
cuando el premio del vencedor pudo capturar,
y se entera demasiado tarde, cuando la noche llega
qué tan cerca estaba del premio que anhelaba.

Tras las sombras de la duda ya plateadas, ya sombrías,
puede bien surgir el triunfo no el fracaso que temías,
y no es dable a tu ignorancia figurarse cuán cercano,
pueda estar el bien que anhelas y que juzgas tan lejano.
Lucha, pues por más que tengas en la brega que sufrir,
cuando todo esté peor, más debemos insistir.

Anónimo

Sólo puedes tener dos cosas en la vida:
Razones o resultados. Las razones no cuentan.

Anónimo

Trabajo pesado es, por lo general, la acumulación de tareas livianas que no se
hicieron a tiempo.

Anónimo

Don't quit *

When things go wrong, as they sometimes will,
when the road you're trudging seems all uphill,
when the funds are low and the debts are high,
and you want to smile, but you have to sigh,
when care is pressing you down a bit,
rest, if you must-but don't you quit!

Life is queer with its twists and turns,
as everyone of us sometimes learns,
and many a failure turns about
when he might have won had he stuck it out;
don't give up, though the pace seems slow,
you may succeed with another blow.

Often the goal is nearer than
it seems to a faint and faltering man,
often the struggler has given up
when he might have captured the victor's cup,
and he learned too late, when the night slipped down,
how close he was to the golden crown.

Success is failure turned inside out,
the silver tint of the clouds of doubt,
and you never can tell how close you are,
it may be near when it seems far;
so stick to the fight when you're hardest hit,
it's when things seem worst that you mustn't quit!

Anonymous

You can only have two things in life:
Reasons or Results. Reasons don't count.

Anonymous

Unpleasant work, in general, is the accumulation of little tasks which were not completed
on time.

Anonymous

El éxito comienza con la voluntad

Si piensas que estás vencido, lo estás;
si piensas que no te atreverás, no lo harás;
si piensas que te gustaría ganar, pero que no puedes,
es casi seguro que no lo lograrás.

Si piensas que vas a perder, ya has perdido,
porque en el mundo encontrarás
que el éxito empieza con la voluntad,
todo está en el estado mental.

Muchas carreras se han perdido
antes de haberse corrido,
y muchos cobardes han fracasado
antes de haber su trabajo empezado.

Piensa en grande y tus hechos crecerán,
piensa en pequeño y quedarás atrás,
piensa que puedes y podrás,
todo está en el estado mental.

Si piensas que estás aventajado, lo estás;
tienes que pensar bien para elevarte,
tienes que estar seguro de ti mismo,
antes de ganar un premio.

La batalla de la vida no siempre la gana
el hombre más fuerte o el más ligero,
porque tarde o temprano, el hombre que gana,
es aquel que cree poder hacerlo.

Napoleón Hill

Si te preocupas por lo que podría SER y divagas en lo que podría HABER SIDO, nunca sabrás lo que ES.

Anónimo

Si tú te has hecho importante, observa que no eres tan importante.

Anónimo

The man who thinks he can *

If you think you are beaten, you are;
if you think that you dare not, you don't;
if you'd like to win, but you think you can't,
it's almost a cinch you won't.

If you think you'll lose, you've lost,
for out in the world you'll find
success begins with a fellow's will,
it's all in the state of mind.

Full many a race is lost
before even a step is run,
and many a coward falls
before even his work's began.

Think high and yours deeds will grow,
think low and you'll fall behind.
think that you can and you will,
it's all in the state of mind.

If you think you're outclassed, you are;
you have to think high to rise,
you have to be sure of yourself
before you can win a prize.

Life's battles don't always go
to the stronger or faster man,
but sooner or later the man who wins,
is the one who thinks he can.

Napoleon Hill

If you worry about what might BE, and wonder what might HAVE BEEN, you will ever know what IS.

Anonymous

If you have made yourself important, take notice that you're not so important.

Anonymous

Victoria para quienes perseveran *

Iniciar una obra es cosa relativamente fácil, basta con avivar un poco la lumbre del entusiasmo.

Perseverar en ella hasta el éxito, es cosa diferente; eso ya es algo que requiere continuidad y esfuerzo.

Comenzar está al alcance de los demás, continuar, distingue a los hombres de carácter.

Por eso la médula de toda obra grande --desde el punto de vista de su realización práctica-- es la perseverancia, virtud que consiste en llevar las cosas hasta el final.

Es preciso, pues, ser perseverante, formarse un carácter no sólo intrépido, sino persistente, paciente, inquebrantable.

Sólo eso es un carácter.

El verdadero carácter no conoce más que un lema: la victoria.

Y sufre con valor, con serenidad y sin desaliento, la más grande de las pruebas: la derrota.

La lucha tonifica el espíritu, pero cuando falta carácter, la derrota lo reprime y desalienta.

Hemos nacido para luchar.

Las más grandes victorias corresponden siempre a quienes se preparan, a quienes luchan y a quienes perseveran.

Anónimo

Mientras culpes a otros, renuncias a tu poder para cambiar.

Anónimo

Victory for those who persevere

It is relatively easy to begin a task, it is enough that we rekindle the fire of enthusiasm.

To stick with the task until achieving success is a different matter: this requires continuity and effort.

Everyone can begin; the ability to continue is what distinguishes men of character.

For this reason, the source of all great works --from the point of view of their practical realization-- is perseverance: the virtue of carrying things through to the end.

We must persevere. We must form a character which is not only fearless, but persistent, patient and unbending.

Only this can be called true character.

True character has only one motto: victory.

And it suffers bravely, serenely and without discouragement, the greatest of tests: defeat.

Struggle invigorates the spirit, but when the spirit lacks character, defeat represses it and disheartens it.

We were born to fight.

The greatest victories always go to those who prepare themselves, to those who fight and to those who persevere.

Anonymous

When you blame others, you give up your will to change.

Anonymous

Si quieres tener éxito como dirigente *

No te desanimes al encontrar obstáculos.

Si vas a desanimarte al primer indicio de oposición o adversidad, no llegarás muy lejos en el camino del éxito.

Presta poca atención a los que quieran obligarte a que te ocupes de sus caprichos y antojos.

Debemos tener fe en nuestros propios esfuerzos y en nuestro ánimo para perseverar en nuestras intenciones.

No te preocupes si eres un individuo con reducido o amplio talento; preocúpate por dar lo mejor que tengas, sin importar lo reducido o vasto que sea.

John Mackie

Hay personas en este mundo que son alegres, y parecen poseer más energía que el resto de nosotros. Esto es porque no la desperdician en represión y auto-contemplación. Sentirse miserable no es un pasatiempo, sino un trabajo de tiempo completo.

Érica Jong

Debo de ser fuerte sin ser rudo,
ser amable sin ser débil,
aprender con orgullo sin ser arrogante,
aprender a ser gentil sin ser suave.

Ser humilde sin ser tímido,
ser valeroso sin ser agresivo,
ser agradecido sin ser servil,
ser reflexivo sin ser flojo.

Anónimo

If you want to be a successful manager

Don't let obstacles discourage you.

If you give up at the first sign of opposition or adversity, you won't get far on the road to success.

Pay little attention to those who would make you worry about your whims and fancies.

In order to carry things through, we must have faith in our own efforts and trust our own energy.

Don't worry about whether you have enough talent; just give the best that you can without measuring its magnitude.

John Mackie

Some people in this world seem to be happier and have more energy than the rest of us. This is because they don't waste their energy on repression or self-contemplation. Feeling miserable is not a pastime, but a full-time job.

Erica Jong

*I must be strong without being rude,
kind without being weak,
learn proudly without arrogance,
learn to be gentle without being soft.*

*I must be humble but not timid,
valiant but not aggressive,
grateful but not subservient,
reflexive but not lazy.*

Anonymous

Las palabras más importantes para el ejecutivo *

Las seis palabras más importantes:

YO ADMITO QUE COMETÍ UN ERROR

Las cinco palabras más importantes:

ME SIENTO ORGULLOSO DE USTED

Las cuatro palabras más importantes:

¿CUÁL ES SU OPINIÓN?

Las tres palabras más importantes:

HÁGAME EL FAVOR

Las dos palabras más importantes:

MUCHAS GRACIAS

La palabra más importante:

NOSOTROS

La palabra menos importante:

YO

… y recuerda:

ANTES DEL HONOR ESTÁ LA HUMILDAD

Anónimo

Es muy agradable ser importante, pero es más importante ser agradable.

Anónimo

The most important words for the executive

The six most important words:

I ADMIT THAT I MADE A MISTAKE

The five most important words:

I AM PROUD OF YOU

The four most important words:

WHAT IS YOUR OPINION?

The three most important words:

WOULD YOU PLEASE?

The two most important words:

THANK YOU

The one most important word:

WE

The least important word:

I

… and remember:

HUMILITY BEFORE HONOR

Anonymous

It is very nice to be important, but it is more important to be nice.

Anonymous

¡El trabajo es un privilegio! *

Alégrate de contar con un trabajo que te brinda la oportunidad de:

Ofrecer lo mejor a tu familia,
realizarte como ser humano,
disfrutar de la vida,
ser mejor cada día,
perfeccionar tus habilidades,
aplicar tus conocimientos,
desarrollar tu potencial,
alcanzar las metas de tu empresa,
contribuir a la productividad,
hacer productos con calidad y
cooperar con el engrandecimiento de tu país.

Por ello, afirma con entusiasmo, cada día de tu vida:

¡El trabajo es un privilegio!

Roger Patrón Luján

Recuerda que cualquier cosa que valga la pena, lleva en sí el riesgo del fracaso.

Lee Iacocca

Algunas personas están deseosas de trabajar, siempre y cuando puedan empezar desde la gerencia en adelante.

Anónimo

Ser hombre es saber decir "me equivoqué" y proponerse no repetir el mismo error.

Anónimo

To work is a privilege!

Rejoice that you have a job that gives you the opportunity to:

> Offer the best to your family,
> fulfill yourself as a human being,
> enjoy life,
> be better each day,
> polish your skills,
> apply your knowledge,
> develop your potential,
> reach your company's goals,
> contribute to productivity,
> make quality products,
> participate in the greatness of your country.

Therefore, every day of your life, exclaim with enthusiasm,

To work is a privilege!

Roger Patron Lujan

Remember that anything that is worthwhile, carries by itself the risk of failure.

Lee Iacocca

Some people are willing to work, only if they can start at the top and work up.

Anonymous

To be a man is to say "I was wrong" and to try not to make the same mistake again.

Anonymous

La verdadera riqueza está más allá de lo tangible.

True riches are beyond the tangible.

Roger Patrón Luján

Pobreza *

El otro día me encontré con un individuo de esos que abundan:

¡Un *pobre hombre rico*!

Es dueño de varias fincas, de bonos y de acciones de diversas compañías; tiene una jugosa cuenta corriente en el banco.

Pero es pobre. Lleva en su mente la esencia de la pobreza, porque siempre teme gastar unos centavos, sospecha de todo el mundo, se preocupa demasiado de lo que tiene y le parece poco.

La pobreza no es carencia de cosas: es un estado de ánimo. No son ricos los que tienen todo en abundancia. Sólo se es rico cuando el dinero no le preocupa a uno. Si tú tienes dos pesos y te lamentas de no tener más, eres más rico que el que tiene dos millones y no puede dormir porque no tiene cuatro.

Pobreza no es carencia; es la presión de la carencia. La pobreza está en la mente, no en el bolsillo.

El *pobre hombre rico* se angustia por la cuenta del almacén de comestibles que es muy alta, porque el hielo cuesta mucho, porque consume electricidad y gas. Siempre está buscando el modo de disminuir el salario de los sirvientes. Le duele que su mujer le pida dinero, se angustia por el gasto de sus hijos.

Las peticiones de aumento de sueldo de sus empleados lo enervan. En fin, tiene los síntomas e inconvenientes de la pobreza que sufre su jardinero, alguien que realmente no tiene dinero. Y aún más, ¿qué diferencia hay entre él y un pordiosero?

La única finalidad del dinero es proporcionar comodidad, alejar temores y permitir una vida de libertad espiritual. Si tú no disfrutas de esas ventajas, tengas cuanto tengas, eres un *pobre hombre rico*.

Pero si puedes experimentar esa sensación de libertad, esa confianza en el mañana, esa idea de abundancia que se dice proporciona el dinero, serás rico aunque seas pobre.

Piensa en esto: si quieres ser rico, sélo. Es más fácil que hacerse rico. ¡Inténtalo!

El dinero en sí no significa nada. Su verdadero valor reside en lo que con él podamos realizar en favor de los demás y de nosotros mismos. Ésta es, a nuestro juicio, la doble y auténtica finalidad del dinero.

Frank Crane

Poverty

The other day I met one of those people you see so many of:

A *poor rich man*!

He is the owner of several properties, bonds and holds stocks in various companies; he has a juicy checking account in the bank.

But he is poor. His mind holds the essence of poverty, because he is constantly afraid to spend a few cents, he is suspicious of the entire world, he worries too much about what he has and thinks it's not enough.

Poverty is not a lack of things: it is a state of mind. Those who have everything in abundance are not rich. Only those who do not worry about money can truly be called rich. If you have two dollars and lament that you don't have more, you are richer than he who has two million and cannot sleep because he wishes he had four.

Poverty is not a lack; it is the pressure of need. Poverty is in the mind, not in the wallet.

The *poor rich man* anguishes over the high bills from his food store, over the high price of ice, because it consumes electricity and gas. He is always seeking ways to lower the wages of his servants. He worries when his wife asks him for money, he is distressed by what his children spend.

His employee's requests for raises creep on his nerves. He has all the same symptoms and worries as his gardener, someone who truly does not have money. And still more, what real difference is there between the *poor rich man* and a street beggar?

The only purpose of money is to offer comfort, protection from fear and to permit a life of spiritual freedom. If you do not enjoy these advantages, no matter how much you may have, you are a *poor rich man*.

But if you can experience that sense of freedom, that confidence in tomorrow, that idea of abundance which they say money gives, then you will be rich even if you have no money.

Think of this: if you want to be rich, be so. Being rich is easier than becoming rich. Try it!

Money does not mean anything by itself. Its true value resides in what we can do with it for others and for ourselves. This is, in my judgment, its authentic meaning.

Frank Crane

Cuenta lo que posees *

No enumeres jamás en tu imaginación lo que te hace falta.

Cuenta, por el contrario, todo lo que posees; detállalo, si es preciso, hasta la nimiedad y verás que, en suma, la Vida ha sido espléndida contigo.

Las cosas bellas se adueñan tan suavemente de nosotros, y nosotros con tal blandura entramos en su paraíso, que casi no advertimos su presencia.

De allí que nunca les hagamos la justicia que se merecen.

La menor espina, en cambio, como araña, nos sacude la atención con un dolor y nos deja la firma de ese dolor en la cicatriz. De allí que seamos tan parciales al contar las espinas.

Pero la Vida es liberal en sumo grado; haz inventario estricto de tus dones y te convencerás.

Imaginemos, por ejemplo, que un hombre joven, inteligente, simpático a todos, tuviese una enfermedad crónica. No debería decir: "Tengo este mal o aquel", o "me duele siempre esto o aquello", o "no puedo gustar de este manjar o de aquel... ".

Debería decir: "Soy joven, mi cerebro es lúcido, me aman; poseo esto, aquello, lo de más allá; gozo con tales y cuales espectáculos, tengo una comprensión honda y deliciosa de la naturaleza...".

Vería entonces el enfermo aquel, que lo que le daña se diluiría como una gota de tinta en el mar.

Amado Nervo

La perfecta escucha consiste en oír, no tanto a los demás, cuanto a uno mismo.
La perfecta visión consiste en mirar, no tanto a los demás, cuanto a uno mismo.

Anónimo

Count what you have

Never enumerate in your imagination what you lack.

On the other hand, count all that you possess, in detail if necessary, even to the tiniest bit, and you will see that, as a whole, Life has been generous to you.

Beautiful things possess us so gently, that when we enter into their paradise with such delicacy we hardly notice their presence.

This is why we never do them the justice they deserve.

The smallest thorn, however, is like a spider, that catches our attention and leaves, in the scar, the tiny signature of pain. It is thus that we are so prone to count the splinters.

But Life is generous in the highest degree; make a strict inventory of your gifts and you will be convinced.

Let us imagine, for example, that an intelligent, congenial young man is chronically ill. He should not say, "I have such and such ailment" or "This or that always hurts me" or "I can't enjoy this or that food"...

He should say, "I'm young, my brain is clear, I am loved. I have this, that or the other. I enjoy such and such entertainment, I have a deep and delightful comprehension of nature... ".

The sick man will then see, that whatever hurts him will dissipate like a drop of ink in the ocean.

Amado Nervo

Perfect listening consists of hearing: not so much others, but ourselves.
Perfect vision consists of looking: not so much at others, but at ourselves.

Anonymous

Ilusiones *

Uno se hace ilusiones que luego se pierden;
las ilusiones están hechas para ser perdidas una a una.

¿Y si no tienes ilusiones?

Si no tienes ilusiones, invéntalas.
Debes tratar de tener siempre muchas ilusiones,
para que te puedas dar el lujo de perder una cada día.

Pita Amor

Yo necesito poco
y de lo poco que necesito,
la necesito poco.

San Francisco de Asís

El hombre más rico, no es el que conserva el primer peso que ganó, sino el que conserva
al primer amigo que tuvo.

Anónimo

Illusions

One holds illusions that are later lost;
illusions are made to be lost one by one.

And if you have no illusions?

If you have no illusions, invent them.
You should always try to have many illusions,
so as to have the luxury of losing one each day.

Pita Amor

I need little,
and of the little I need,
I have little need.

Saint Francis of Assisi

The richest man, is not the one who keeps the first dollar he earned, but the one who
keeps the first friend he had.

Anonymous

Si creemos en el progreso de la humanidad, hagamos algo para lograrlo.

If we believe in the progress of mankind, let us do something to achieve it.

Roger Patrón Luján

Hay dos mares

Hay dos mares en Palestina.

Uno es fresco y lleno de peces,
hermosas plantas adornan sus orillas;
los árboles extienden sus ramas sobre él,
y alargan sus sedientas raíces para beber sus saludables aguas;
en sus playas, los niños juegan.

El río Jordán hace éste mar con burbujeantes aguas de las colinas,
los hombres construyen sus casas en la cercanía,
y los pájaros sus nidos,
y toda clase de vida es feliz por estar allí.

El río Jordán continúa hacia el sur, hacia otro mar.

Aquí no hay trazos de vida, ni murmullos de hojas,
ni canto de pájaros, ni risas de niños.
Los viajeros escogen otras rutas;
solamente por urgencia lo cruzan.
El aire es espeso sobre sus aguas,
y ningún hombre, ni bestias, ni aves la beben.

¿Qué hace esta diferencia entre mares vecinos?

No es el río Jordán.
El lleva la misma agua a los dos.
No es el suelo sobre el que están,
ni el campo que los rodea.

La diferencia es ésta:

El mar de Galilea recibe al río, pero no lo retiene;
por cada gota que a él llega, otra sale.

El otro es un avaro... guarda su ingreso celosamente.
No tiene un generoso impulso;
cada gota que llega, allí se queda.

El mar de Galilea da y vive.
El otro mar no da nada.
Le llaman el mar Muerto.

Hay dos mares en Palestina.
Hay dos clases de personas en el mundo.

Bruce Barton

There are two seas *

There are two seas in Palestine.

One is fresh, and fish are in it,
splashes of green adorn its banks.
Trees spread their branches over it,
and stretch out their thirsty roots to sip of its healing waters;
along its shores the children play.

The River Jordan makes this sea with sparkling water from the hills;
men build their houses near it,
and birds build their nests;
and every kind of life is happier because it is there.

The River Jordan flows on south into another sea.

Here is no splash of fish, no fluttering leaf,
no song of birds, no children's laughter.
Travelers choose another route;
they cross this sea only if they must.
The air hangs heavy above its water,
and neither man nor beast nor fowl will drink.

What makes this mighty difference in these neighboring seas?

Not the River Jordan.
It empties the same good water into both.
Not the soil in which they lie,
not the country round about.

This is the difference.

The Sea of Galilee receives but does not keep the Jordan;
for every drop that flows into it another drop flows out.

The other sea is shrewder, hoarding its income jealously.
It will not be tempted into any generous impulse;
every drop it gets, it keeps.

The Sea of Galilee gives and lives.
This other sea gives nothing.
It is named the Dead Sea.

There are two seas in Palestine.
There are two kinds of people in the world.

Bruce Barton

El ciudadano del porvenir *

El ciudadano del porvenir, aparte de corresponder a un tipo leal, honrado, limpio, enérgico y laborioso, será el que quiera a su patria entrañablemente, sin necesidad de engañarse; pero quererla, sobre los males y fracasos, no para exagerarlos con la ironía o el pesimismo, sino para corregirlos con el trabajo, con el sacrificio, con la verdad.

Un tipo de ciudadano veraz en todo; veraz con sus semejantes y veraz consigo mismo, fiel a su palabra; superior a las mezquindades del servilismo y la adulación; que no se cruce de brazos ante las dificultades, esperando que lo salven de ellas, tardíamente, un golpe de valor, un medro, una astucia vil.

Un ser que no abdique de su derecho por negligencia, pero que no lo ejerza vivamente y que, sobre todo, jamás olvide que la garantía interna de esos derechos radica en el cumplimiento de los deberes, y que cualquier derecho resultaría un privilegio específico y excepcional. Un ser que ame la vida y que la enaltezca.

En fin, un tipo de ciudadano capaz de juzgar las cosas y los hombres con independencia y rectitud.

Jaime Torres Bodet

No son las montañas que tenemos enfrente las que nos cansan; es el grano de arena que llevamos dentro el zapato.

Anónimo

The citizen of the future

The citizen of the future, in addition to being loyal, honest, clean, energetic and hard-working, will love his country deeply without blinding himself to its faults; but he will love it with all its wrongs and failures, not to exaggerate them with irony or pessimism, but to correct them through hard work, sacrifice and truth.

A citizen who is true in everything; true to his fellow men and true to himself, true to his word; who is above servile pleas and adulation; someone who does not cross his arms in the face of difficulties, expecting to be eventually rescued by a stroke of bravery, cowardice, or by dubious cunning.

Someone who does not relinquish his rights through negligence, but who does not abuse them; and who, above all, never forgets that the preservation of these rights is rooted in the fulfillment of duty, and that any right is a specific and exceptional privilege. Someone who loves life and honors it.

In sum, a citizen who is capable of judging things and men with independence and rectitude, because he is capable of judging himself before he judges others.

Jaime Torres Bodet

It is not the mountains that we have before us that tire us; it is the grain of sand that we carry in our shoes.

Anonymous

Ser hombre *

Ser hombre, no es nada más ser varón,
simple individuo del sexo masculino.

Ser hombre, es hacer las cosas,
no buscar razones para demostrar que no se pueden hacer.

Ser hombre, es levantarse cada vez que se cae o se fracasa,
en vez de explicar por qué se fracasó.

Ser hombre, es ser digno,
consciente de sus actos y responsabilidades.

Ser hombre, es saber lo que se tiene que hacer y hacerlo,
saber lo que se tiene que decir y decirlo,
es también saber decir que "no".

Ser hombre, es levantar los ojos de la tierra,
elevar el espíritu, soñar con algo grande.

Ser hombre, es ser persona,
es decir, alguien distinto y diferente a los demás.

Ser hombre, es ser creador de algo:
un hogar, un negocio, un puesto, un sistema de vida.

Ser hombre, es entender el trabajo no solamente como necesidad,
sino también como privilegio y don que dignifica y enorgullece.

Ser hombre, es tener vergüenza,
sentir vergüenza de burlarse de una mujer,
de abusar del débil, de mentir al ingenuo.

Ser hombre, es comprender la necesidad de adoptar una disciplina,
basada en principios sanos y sujetarse
por su propia y deliberada voluntad, a esa disciplina.

Ser hombre, es comprender que la vida no es algo que se nos da ya hecho,
sino que es la oportunidad para hacer algo bien hecho y de trascender.

Hombres de esta talla y de esta alcurnia,
los necesita nuestro país, los reclama el mundo y los exige Dios.

Anónimo

To be a man

To be a man, is not only to be male,
a simple individual of the masculine sex.

To be a man, is to do things,
not to find reasons to show that they cannot be done.

To be a man, is to pick yourself up every time you fall or fail,
rather than explaining why you failed.

To be a man, is to be worthy,
conscious of your actions and responsibilities.

To be a man, is to know what must be done and do it,
to know what must be said and say it,
and also to know how to say "no".

To be a man, is to lift your eyes from the earth,
to raise your spirit, to dream of something big.

To be a man, is to be a person,
that is to say, someone different and distinct from others.

To be a man, is to create something:
A home, a business, a position, a way of life.

To be a man, is to understand work not only as a necessity,
but also as a privilege and a gift which gives one dignity and pride.

To be a man, is to have shame,
to be ashamed to ridicule a woman,
to take advantage of the weak or lie to the innocent.

To be a man, is to understand the need to adopt a discipline,
based on healthy principlend to subject yourself,
through your own deliberate will, to this discipline.

To be a man, is to understand that life is not something that is given to us ready-
made, but an opportunity to do something well and to transcend.

Men of this stature and such lineage,
are needed in our country, claimed by the world and demanded by God.

Anonymous

El hombre nuevo

Debe tener las siguientes cualidades:

Disposición a abandonar toda forma de tener para poder SER plenamente.

Sentir seguridad, tener sentimientos de identidad y confianza basados en la fe en lo que se ES, en la necesidad de relacionarse, interesarse, amar, solidarizarse con el mundo que nos rodea, en lugar de basarse en el deseo de tener, poseer, dominar al mundo y así ser esclavo de sus posesiones.

Aceptar el hecho que nadie ni nada exterior al individuo da significado a su vida, sino que esta independencia radical y no la ambición, pueden llegar a ser la condición de la actividad plena, dedicada a compartir e interesarse por los demás.

Estar plenamente presente donde uno se encuentra.

Sentir la alegría que causa dar y compartir, y no acumular y explotar.

Amar y respetar la Vida en todas sus manifestaciones, sabiendo que no es sagrada la cosa, ni el poder, ni lo que está muerto, sino la vida y todo lo que contribuye a su desarrollo.

Tratar de reducir tanto como uno pueda, la codicia, el odio y las ilusiones.

Vivir sin adorar ídolos y sin ilusiones, porque uno ha llegado al estado en que no necesita ilusiones.

Desarrollar la capacidad de amar, junto con el pensamiento crítico, no sentimental.

Desprenderse del narcicismo y aceptar las limitaciones trágicas inherentes a la existencia humana.

Hacer del pleno desarrollo de sí mismo y del prójimo la meta suprema de vivir.

Saber que para alcanzar esta meta, es necesaria la disciplina y respetar la realidad.

Saber, también, que ningún desarrollo es sano si no ocurre en una estructura, pero conocer también la diferencia entre la estructura como atributo de la vida, y el "orden" como atributo de no vivir, de la muerte.

The new man *

Should have the following qualities:

Willingness to give up all forms of having in order to fully BE.

Security, sense of identity, and confidence based on faith in what one IS, on one's need for relatedness, interest, love, solidarity with the world around one, instead of on one's desire to have, to possess, to control the world, and thus become the slave of one's possessions.

Acceptance of the fact that nobody and nothing outside oneself gives meaning to life, but that this radical independence and nothingness can become the condition for the fullest activity devoted to caring and sharing.

Being fully present where one is.

Joy that comes·from giving and sharing, not from hoarding and exploiting.

Love and respect for Life in all manifestations, in the knowledge that not things, power, all that is dead, but life and everything that pertains to its growth are sacred.

Trying to reduce greed, hate, and illusions as much as one is capable.

Living without worshiping idols and without illusions, because one has reached a state that does not require illusions.

Developing one's capacity for love, together with one's capacity for critical, unsentimental thought.

Shedding one's narcissism and accepting the tragic limitations inherent in human existence.

Making the full growth of oneself and of one's fellow beings, the supreme goal of living.

Knowing that to reach this goal, discipline and respect for reality are necessary.

Knowing, also, that no growth is healthy that does not occur in a structure, but knowing, too, the difference between structure as an attribute of life and "order" as an attribute of non-life, of non-death.

Desarrollar la imaginación, no para escapar de las circunstancias intolerables, sino para anticipar las posibilidades reales, como medio para suprimir las circunstancias intolerables.

No engañar, pero tampoco dejarse engañar por otros; se puede admitir ser llamado inocente, pero no ingenuo.

Percibir la unión por la vida y por consiguiente, renunciar a la meta de conquistar a la naturaleza, someterla, explotarla, violarla, destruirla, y en vez de esto, tratar de comprender y cooperar con la naturaleza.

Gozar de una libertad no arbitraria, sino que ofrezca la posibilidad de ser uno mismo, y no un atado de ambiciones, sino una estructura delicadamente equilibrada que en todo momento se enfrenta a la alternativa de desarrollarse o decaer, vivir o morir.

Saber que el mal y la destrucción, son consecuencias necesarias de la imposibilidad de no desarrollarse.

Saber que sólo muy pocos han alcanzado la perfección en todas esas cualidades, pero SER, sin la ambición de alcanzar la meta reconociendo que esta ambición sólo es otra forma de codiciar, de tener.

Ser feliz en el proceso de vivir cada día más sin importar el avance que el destino nos permita realizar, porque vivir tan plenamente como se puede resulta tan satisfactorio que es difícil preocuparse por lo que se logra.

Erich Fromm

De la independencia de los individuos, depende la grandeza de los pueblos.

José Martí

Developing one's imagination, not as an escape from intolerable circumstances but as the anticipation of real possibilities, as a means to do away with intolerable circumstances.

Not deceiving others, but also not being deceived by others; one may be called innocent, but not naive.

Sensing one's oneness with all life, hence giving up the aim of conquering nature, subduing it, exploiting it, raping it, destroying it, but trying, rather, to understand and cooperate with nature.

Freedom that is not arbitrariness but the possibility to be oneself, not a bundle of greedy desires, but as a delicately balanced structure that at any moment is confronted with the alternative of growth or decay, life or death.

Knowing that evil and destructiveness are necessary consequences of failure to grow.

Knowing that only a few have reached perfection in all these qualities, but BEING without the ambition to "reach the goal", in the knowledge that such ambition is only another form of greed, of having.

Happiness in the process of ever-growing aliveness, whatever the furthest point is that fate permits one to reach, for living as fully as one can is so satisfactory that the concern for what one might or might not attain has little chance to develop.

Erich Fromm

The greatness of nations, depends on the independence of the individual.

Jose Marti

¡Es un privilegio! *

Ser uno de los miles de colaboradores para hacer posible un evento histórico,

¡ES UN PRIVILEGIO!

Ser uno de los miles de trabajadores ayudando a elevar el nivel de vida de los que nos rodean,

¡ES UNA OPORTUNIDAD!

Ser uno de los miles que ayudan a tener una vida más plena a otros,

¡ES UN RETO!

Aunque lo que hagamos parezca insignificante, nuestros esfuerzos se vuelven colectivos, como pequeños copos de nieve que transforman el triste y seco paisaje en una cosa bella.

Así como las gotas de agua o granos de arena hacen al poderoso océano y la apacible tierra, así nuestros esfuerzos --grandes, pequeños o fútiles-- ayudan o estorban el desarrollo del mundo.

Paul S. McElroy

La ignorancia mata a los pueblos. Por ello es preciso matar la ignorancia.

José Martí

It is a privilege!

To be one of the thousands of collaborators who make possible an historical event,

IS A PRIVILEGE!

To be one of the thousands of workers helping to raise the standard of living of those around us,

IS AN OPPORTUNITY!

To be one of the thousands who help to create a fuller life for others,

IS A CHALLENGE!

Although what we do may seem insignificant, our efforts become collective, like small flakes of snow transforming a sad, dry landscape into a thing of beauty.

And like drops of water or grains of sand form the powerful ocean and the gentle earth, in the same way, our efforts --big, small or futile-- help or hinder the development of the world

Paul S. McElroy

Ignorance destroys nations. That is why ignorance must be destroyed.

Jose Marti

Diógenes *

Estaba un día Diógenes, plantado en la esquina de una calle y riendo como loco.

--¿De qué te ríes?, le preguntó un transeúnte.

--¿Ves esa piedra que hay en medio de la calle? Desde que llegué aquí esta mañana, diez personas han tropezado con ella y han maldecido, pero ninguna de ellas se ha tomado la molestia de retirarla para que otros no se tropiecen.

Anthony de Mello

Si tus planes son de un año, siembra un grano.
Si son de diez años, siembra un árbol.
Si son de cien años, enseña al pueblo.

Cuando plantas una sola semilla, recoges una sola cosecha.
Cuando enseñes a la gente, recogerás cien cosechas.

Kuan Chung

Todo lo que se ve como una victoria, no siempre significa ganar; y perder, no siempre significa estar derrotado.

Idries Shah

La voluntad de SER está en nosotros, así como la voluntad de ser mejores. A los líderes nos corresponde facilitar a nuestra gente, el logro de estas aspiraciones.

Axayacatl

Diogenes

Diogenes was standing at a street corner one day, laughing like a madman.

--What are you laughing about?, a passerby asked.

--Do you see that stone in the middle of the street? Since I got here this morning, ten people have stumbled on it and cursed it. But not one of them took the trouble to remove it so others wouldn't stumble".

Anthony de Mello

If you plan for a year, plant a seed.
If for ten years, plant a tree.
If for a hundred years, teach the people.

When you sow a seed once, you will reap a single harvest.
When you teach the people, you will reap a hundred harvests.

Kuan-Tzu

Not all that appears as victory signifies winning, and losing, does not always signify defeat.

Idries Shah

Within us is the will to BE, as well as the will to be better. It is our responsibility as leaders, to help our people to achieve these aspirations.

Axayacatl

Agradezcamos al Creador la oportunidad de vivir.

Let us be grateful to the Creator for the opportunity of living.

Roger Patrón Luján

Oración *

No me dirijo a los hombres.

Me dirijo a Ti, Dios de todos los seres, de todos los mundos, de todos los tiempos: si es permitido a débiles criaturas, perdidas en la inmensidad e imperceptibles para el resto del Universo atreverse a pedirte algo, a Ti, que todo lo has dado, a Ti, cuyos decretos son inmutables y eternos.

Mira con piedad los errores de nuestra naturaleza; que estos errores no sean calamidades; no nos has dado el corazón para aborrecernos y las manos para degollarnos.

Haz que nos ayudemos mutuamente a soportar el fardo de una vida penosa y fugaz. Que las pequeñas diferencias entre los trajes que cubren nuestros débiles cuerpos, entre nuestros insuficientes lenguajes, entre nuestros ridículos usos, entre nuestras imperfectas leyes, entre nuestras insensatas opiniones, entre nuestras condiciones tan desproporcionadas a nuestros ojos y tan iguales ante Ti --que todos esos matices, en fin, que distinguen a los átomos llamados hombres-- no sean señales de odio y persecución.

Que los que encienden cirios en pleno mediodía para celebrarte, soporten a los que se contentan con la luz de Tu sol. Que los que cubren su traje con tela blanca para decir que hay que amarte, no detesten a los que hacen lo mismo bajo una capa de lana negra. Que sea igual adorarte en jerga formada de antigua lengua que en una recién formada. Que aquellos cuyo traje está teñido de rojo o morado, así como los que dominan un montoncito de barro de este mundo y que poseen algunos redondeaditos fragmentos de metal, gocen sin orgullo de lo que llaman grandeza y riqueza y que los demás no los envidien.

Tú sabes que no hay en esas vanidades nada que envidiar, ni de que enorgullecerse...

¡Ojalá que todos los hombres recuerden que son hermanos!

¡Que abominen la tiranía ejercida sobre las almas que arrebata por la fuerza, el fruto del trabajo y la industria pacífica!

Si los azotes de la guerra son inevitables, no nos aborrezcamos. No nos destrocemos unos a otros en tiempos de paz y empleemos el instante de nuestra existencia en bendecir --en mil lenguas diversas, desde Siam hasta California-- Tu bondad que nos concedió este instante.

Voltaire

Prayer

I am not speaking to men.

I am speaking to You, God of all beings, of all worlds, of all times: if it is permitted for weak creatures, lost in the immensity, imperceptible to the rest of the Universe, to ask something from You, You who have given all, You whose decrees are immutable and eternal.

Look down with pity on the errors of our nature; let not these errors become disasters; You did not give us hearts so we would abhor ourselves or hands that we would take our own lives.

Enable us to help each other to support the burden of this painful, fleeting life. Let not our small differences, the clothing that adorns our feeble bodies, our inadequate languages, our ridiculous customs, our imperfect laws, our foolish opinions, our different conditions which appear so unequal to us and so equal to You --let not these trivialities, which distinguish the atoms called men-- be signs of hate and persecution.

May those who light candles in the middle of the day to celebrate You tolerate those who content themselves with the light of Your Sun. May those who shroud themselves in white cloth in order to proclaim the obligation to love You, not detest those who do the same under a cloak of black wool. May it be the same to worship You in an ancient tongue as in a recent one. May those whose clothing is dyed in red or purple, who control a little mound of this world's mud or possess small, round pieces of metal enjoy without pride what they call greatness and riches, and may others not envy them.

You know that these vanities have nothing to be envied or to be proud of...

Let all men remember that they are brothers!

Oh! that men abominate the tyranny which binds their souls, which snatches away the fruits of their work and peaceful labor!

If the blows of war are inevitable, let us not hate ourselves. Let us not destroy ourselves in times of peace, and let us dedicate our brief existence to praising --in a thousand different tongues, from Siam to California-- the goodness of that instant that You have bestowed on us.

Voltaire

Dios *

Es Aquél que con esperanza cierta, cultiva con optimismo la verdad.

Es Aquél que con fe sincera, siembra con positividad el camino.

Es Aquél que con amor franco, cosecha con entusiasmo la vida.

Es calor que despierta a los corazones dormidos.

Es luz que desvanece a su paso la obscuridad.

Es conciencia que conduce al bien.

Es amor que concibe a la realidad.

Es vida que reanima lo inerte.

Es razón que revela la verdad.

Es todo y todo en cada uno.

Stefano Tanasescu Morelli

Nadie fue ayer,
ni va hoy,
ni irá mañana
hacia Dios
por este mismo camino
que yo voy.

Para cada hombre guarda
un rayo nuevo de luz el sol...
y un camino virgen, Dios.

León Felipe

God

Is He who, with confident hope, cultivates the truth with optimism.

Is He who, with sincere faith, sows life's field with positiveness.

Is He who reaps life enthusiastically with true Love.

Is warmth that awakens sleeping hearts.

Is light that, in passing, illuminates darkness.

Is conscience that leads to goodness.

Is love which conceives reality.

Is life which revives the inert.

Is reason which reveals the truth.

Is all and all in everyone.

Stefano Tanasescu Morelli

No one went yesterday,
nor today
nor will go tomorrow,
to God
by this same road
I follow.

For every man, the sun
has a new ray of light...
and a virgin path, God.

Leon Felipe

Una vida solitaria

Nació en un pueblo casi desconocido, hijo de una mujer campesina.
Creció en otra aldea.
Trabajó en una carpintería hasta los treinta años, y entonces, durante tres años fue un predicador ambulante.

Jamás escribió un libro.
Nunca ocupó cargo alguno.
Jamás tuvo casa propia.
Jamás se alejó trescientos kilómetros de donde nació.
Nunca hizo cosas que identifican a los grandes hombres.
No tenía más credenciales que su propia persona.

Aunque caminó por muchas partes, curando a los enfermos, devolviendo la vista a los ciegos, sanando a los inválidos y resucitando a los muertos, los principales líderes religiosos se voltearon contra Él.

Sus amigos huyeron.
Lo entregaron a sus enemigos y soportó la burla de su juicio.
Fue escupido, flagelado y ridiculizado.
Fue clavado en una cruz entre dos ladrones.

Cuando Él moría, sus verdugos se jugaban la única pieza que poseía en la tierra y que era su capa.

Cuando se había muerto, fue colocado en un sepulcro prestado gracias a la merced de un amigo.

Diecinueve siglos han pasado desde entonces, mas hoy Él constituye la figura central de la raza humana y es el líder de la columna del progreso.

Todos los ejércitos que jamás hayan marchado, todas las flotas que han sido construidas, todos los parlamentos que jamás hayan sesionado, y todos los reyes que jamás hayan regido,

   ¡TODOS!

No han afectado la vida del hombre sobre esta Tierra como esa *Vida Solitaria*.

James A. Francis

A solitary life *

He was born in an obscure village, the child of a peasant woman.
He grew up in another village.
He worked in a carpenter shop until He was thirty, and then for three years was an itinerant preacher.

He never wrote a book.
He never held office.
He never owned a home.
He never traveled two hundred miles from the place where He was born. He never did one of the things that usually accompany greatness.
He had no credentials but Himself.

Although He walked across the land, curing the sick, giving sight to the blind, healing the lame, and resurrecting people from the dead, the highest religious leaders turned against Him.

His friends fled.
He was turned over to His enemies and had to bear the mockery of a trial.
He was spat upon, flogged and ridiculed.
He was nailed to a cross between two thieves.

While He was dying, His executioners gambled for the only property that He had on earth, and that was His robe.

When He was dead, He was laid down in a borrowed grave through the pity of a friend.

Nineteen long centuries have come and gone, and today He is the central figure of the human race and the leader of the column of progress.

All the armies that ever marched, all the navies that were ever built, all the parliaments that ever sat, and all the kings that ever reigned,

ALL!

Have not affected the life of man upon this Earth as that *One Solitary Life.*

James A. Francis

Si amas a Dios *

Si amas a Dios,

en ninguna parte has de sentirte extranjero, porque Él estará en todas las regiones, en lo más dulce de todos los paisajes, en el límite indeciso de todos los horizontes.

Si amas a Dios,

en ninguna parte estarás triste, porque a pesar de la diaria tragedia, Él llena de júbilo el Universo.

Si amas a Dios,

no tendrás miedo de nada ni de nadie, porque nada puedes perder y todas las fuerzas del Cosmos serían impotentes para quitarte tu heredad.

Si amas a Dios,

ya tienes alta ocupación para todos los instantes, porque no habrá acto que no ejecutes en su nombre, ni el más humilde ni el más elevado.

Si amas a Dios,

ya no querrás investigar los enigmas, porque lo llevas en Él, que es la clave y resolución de todos.

Si amas a Dios,

ya no podrás establecer con angustia una diferencia entre la vida y la muerte, porque en Él estás y Él permanece incólume a través de todos los cambios.

Amado Nervo

El cielo no es un lugar, ni un tiempo. El cielo consiste en ser perfecto.

Richard Bach

If you love God

If you love God,

> you need never feel like a stranger, because He will be everywhere, in the most beautiful landscapes, within the indefinite limit of all horizons.

If you love God,

> you need never feel sad, because beyond each day's sorrow, He fills the Universe with joy.

If you love God,

> you need never fear anything or anybody, because you have nothing to lose, and all the combined forces of the Cosmos would be powerless to dispossess you of your estate.

If you love God,

> you will have a high pursuit at all times, because there is no action, whether humble or momentous, that you will not perform in His name.

If you love God,

> you will no longer want to investigate the enigmas, because you will take these to Him, who is the key and solution of all.

If you love God,

> the passage between life and death will not anguish you, because you are in Him, and He will remain unharmed through all changes.

Amado Nervo

Heaven is not a place, and it is not a time. Heaven is being perfect.

Richard Bach

Estoy siempre contigo

¿Me necesitas?

Estoy allí contigo.

No puedes verme, sin embargo Yo soy la luz que te permite ver.
No puedes oírme, sin embargo Yo hablo a través de tu voz.
No puedes sentirme, pero Yo soy el poder que trabaja en tus manos.
Estoy trabajando, aunque desconozcas Mis senderos.
Estoy trabajando, aunque no reconozcas Mis obras.
No soy visión extraña. No soy misterio.

Sólo en el silencio absoluto, más allá del "yo" que aparentas ser, puedes conocerme, y entonces sólo como un sentimiento y como Fe.
Sin embargo, estoy allí. Sin embargo, te oigo. Sin embargo, te contesto.
Cuando Me necesitas, estoy contigo.
Aun cuando Me niegas, estoy contigo.
Aun cuando te sientas más solo, Yo estoy contigo.
Aun en tus temores, estoy contigo.
Aun en tu dolor, estoy contigo.
Estoy contigo cuando oras y cuando no oras.
Estoy en ti y tú estás en Mí.

Sólo en tu mente puedes sentirte separado de Mí, pues sólo en tu mente están las brumas de "lo tuyo" y "lo Mío".
Sin embargo, tan sólo con tu mente, puedes conocerme y sentirme.
Vacía tu corazón de temores ignorantes.
Cuando quitas el "yo" de en medio, estoy allí contigo.
De ti mismo no puedes hacer nada, pero Yo todo lo puedo.
Yo estoy en todo.

Aunque no puedas ver el bien, el bien está allí, pues Yo estoy allí.
Estoy allí porque tengo que estarlo, porque Yo Soy.
Sólo en Mí, tiene el mundo significado; sólo en Mí, toma el mundo forma; sólo en Mí, el mundo sigue adelante.
Soy la Ley en la cual descansa el movimiento de las estrellas y el crecimiento de toda célula viva.
Soy el Amor que es el cumplimiento de la ley. Soy seguridad. Soy paz. Soy unificación. Soy la ley por la cual vives. Soy el Amor en que puedes confiar. Soy tu seguridad. Soy tu paz. Soy uno contigo. Yo Soy.

Aunque falles en encontrarme, Yo nunca dejo de encontrarte.
Aunque tu Fe en Mí es insegura, Mi Fe en ti nunca flaquea.
Porque te conozco, porque te amo.
Mi bien amado, estoy contigo.

James Dillet Freeman

I am always with you *

Do you need Me?

I am there.

You cannot see Me, yet I am the light you see by.
You cannot hear Me, yet I speak through your voice.
You cannot feel Me, yet I am the power at work in your hands.
I am at work, though you do not understand My ways.
I am at work, though you do not recognize My works.
I am not strange visions. I am not mysteries.

Only in absolute stillness, beyond self, can you know Me as I am, and then but as
a feeling and a Faith.
Yet I am there. Yet I hear. Yet I answer.
When you need Me, I am there.
Even if you deny Me, I am there.
Even when you feel most alone, I am there.
Even in your fears, I am there.
Even in your pain, I am there.
I am there when you pray and when you do not pray.
I am in you, and you are in Me.

Only in your mind can you feel separate from Me, for only in your mind are the
mists of "yours" and "Mine".
Yet only with your mind you can know Me and experience Me.
Empty your heart of empty fears.
When you get yourself out of the way, I am there.
You can of yourself do nothing, but I can do all.
And I am in all.

Though you may not see the good, good is there, for I am there.
I am there because I have to be, because I Am.
Only in Me does the world have meaning; only out of Me does the world take
form; only because of Me does the world go forward.
I am the Law on which the movement of the stars and the growth of living cells are
founded.
I am the Love that is the law's fulfilling. I am assurance. I am peace. I am oneness.
I am the Law that you can live by. I am the Love you can cling to. I am your
assurance. I am your peace. I am one with you. I am.

Though you fail to find Me, I do not fail you.
Though your Faith in Me is insecure, My Faith in you never waivers.
Because I know you, because I love you.
Beloved, I am there.

James Dillet Freeman

Pisadas

Una noche tuve un sueño.

Soñé que caminaba con el Señor sobre la playa.
A través del firmamento se dibujaban escenas de mi vida.
En cada escena, noté que había dos pares
de pisadas en la arena,
un par pertenecía a mi
y el otro al Señor.

Cuando la última escena de mi vida relució ante mis ojos
miré hacia atrás para ver las pisadas en la arena.
Había solamente un juego de pisadas.
Noté que esto había sucedido durante la época más honda
y triste de mi vida.
Esto me molestó
y pregunté al Señor
acerca de mi dilema.

--Señor, tú me dijiste que una vez que hubiera yo decidido seguirte,
caminarías y hablarías conmigo todo el camino.
Pero he notado que durante las épocas más difíciles
de mi vida hay solamente un juego de pisadas.
No comprendo por qué, precisamente cuando más te necesitaba,
me has abandonado.

El Señor me dijo al oído, --Mi hijo amado,
yo te quiero mucho y nunca,
nunca, te abandonaría en los tiempos de prueba y de dolor.
Cuando tú viste solamente un par de pisadas
era entonces que yo te llevaba en mis brazos.

Margaret Fishback

¡Oh! Dios, concédenos

Serenidad para aceptar lo que no puede ser cambiado,
valor para cambiar lo que puede ser cambiado, y
sabiduría para discernir lo uno de lo otro.

Reinhold Niebuhr

Footprints *

One night I dreamed a dream.

I was walking along the beach with my Lord.
Across the dark sky flashed scenes from my life.
For each scene, I noticed two sets
of footprints in the sand,
one belonging to me
and one to my Lord.

When the last scene of my life shot before me
I looked back at the footprints in the sand.
There was only one set of footprints.
I realized that this was at the lowest
and saddest times of my life.
This always bothered me
and I questioned the Lord
about my dilemma.

--Lord, you told me when I decided to follow You,
You would walk and talk with me all the way.
But I'm aware that during the most troublesome
times of my life there is only one set of footprints.
I just don't understand why, when I needed You most,
You leave me.

He whispered, --My precious child,
I love you and will never leave you,
never, ever, during your trial and testings.
When you saw only one set of footprints
it was then that I carried you.

Margaret Fishback

Oh! God, give us

Serenity to accept what cannot be changed
courage to change what should be changed, and
wisdom to distinguish the one from the other.

Reinhold Niebuhr

La regla de oro *

Brahmanismo

Todos tus deberes se encierran en esto: no hagas a otros nada que te doliera si te lo hiciesen a ti.

Mahabharata

Budismo

No ofendas a los demás como no quisieras verte ofendido.

Udâna-varga

Confucianismo

¿Hay alguna máxima que deba uno seguir en la vida? Ciertamente, la máxima de la apacible benignidad: lo que no deseamos que nos hagan, no lo hagamos a los demás.

Analectas

Cristianismo

Haced vosotros con los demás hombres, todo lo que deseáis que hagan ellos con vosotros, porque ésta es la Ley y los Profetas.

Nuevo Testamento

Islamismo

Ninguno de vosotros será verdadero creyente, a menos que desee para su hermano, lo mismo que desea para sí mismo.

Sunnah

Judaísmo

Lo que no quieras para ti, no lo quieras para tu prójimo; esto es toda la ley; lo demás es comentario.

Talmud Shabbat

Taoísmo

Sean para ti como tuyas, las ganancias de tu prójimo, y como tuyas, sus pérdidas.

T'ai Shang Kan Ying Pien

Zoroastrismo

Es bueno lo que se abstiene de hacer a otros lo que no es bueno para uno.

Dadistan-i-dinik

The Golden Rule

Brahmanism

This is the sum of duty: do naught unto others which would cause you pain if done to you.

Mahabharata

Buddhism

Hurt not others in ways that you yourself would find hurtful.

Udâna-Varga

Confucianism

Is there a maxim one should follow in life? Surely it is the maxim of loving-kindness: do not unto others that which you would not have them do unto you.

Analects

Christianism

All things whatsoever ye would that men should do to you, do ye even so to them, for this is the Law and the Prophets.

New Testament

Islamism

None of you is a believer, until he desires for his brother, that which he desires for himself.

Sunnah

Judaism

What is hateful to you, do not want it for your fellowmen. That is the entire Law; all the rest is commentary.

Talmud Shabbat

Taoism

Regard your neighbor's gain as your own gain, and your neighbor's loss as your own loss.

T'ai Shang Kan Ying Pien

Zoroastrianism

That nature alone is good which refrains from doing unto another whatsoever is not good for itself.

Dadistan-i-dinik

Madurez es haber aprendido a compartir.

Maturity is having learned to share.

Roger Patrón Luján

Si pudiera vivir nuevamente mi vida

Me gustaría cometer más errores la próxima vez.

Me relajaría más, sería menos perfecta.

Sería más tonta de lo que he sido en este viaje. Tomaría muy pocas cosas en serio.

Tomaría más riesgos. Subiría más montañas y nadaría más ríos.

Comería más helados y menos frijoles. Quizá tendría más problemas reales y menos imaginarios.

Mira, yo soy una de esas personas que vive sensata y sanamente hora tras hora, día tras día. He tenido mis momentos y si lo tuviera que hacer nuevamente, tendría más de éstos. De hecho, trataría de tener solamente momentos.

Sólo momentos, uno tras otro, en vez de vivir pensando en los años venideros.

Yo he sido una de esas personas que nunca van a ningún lugar sin un termómetro, una botella de agua caliente, un impermeable y un paracaídas.

Si pudiera vivir otra vez, viajaría más ligero de lo que lo he hecho.

Si pudiera vivir nuevamente, comenzaría a andar descalza al principio de la primavera y seguiría así hasta finales del otoño.

Iría a más bailes. Subiría más al carrusel. Recogería más margaritas.

Nadine Stair

If I had my life to live over again *

I would like to make more mistakes next time.

I would relax, I would limber up.

I would be sillier than I have been this trip. I would take fewer things seriously.

I would take more chances. I would climb more mountains and swim more rivers.

I would eat more ice cream and less beans. I would perhaps have more actual troubles, but I'd have fewer imaginary ones.

You see, I'm one of those people who live sensibly and sanely hour after hour, day after day. Oh, I've had my moments, and if I had it to do over again, I'd have more of them. In fact, I would try to have nothing else.

Just moments, one after another, instead of living so many years ahead of each day.

I've been one of those persons who never goes anywhere without a thermometer, a hot water bottle, a raincoat and a parachute.

If I had to do it again, I would travel lighter than I have.

If I had my life to live over, I would start barefoot early in the spring and stay that way late in the fall.

I would go to more dances. I would ride more merry-go-arounds. I would pick more daisies.

Nadine Stair

Ser joven es tener ideales y luchar hasta lograrlos, es soñar en el futuro por el que se trabaja en el presente.

Es tener siempre:

> *algo que hacer,*
> *algo que crear,*
> *algo que dar.*

Anónimo

Cuando naces, lloras, y los demás sonríen.

Vive de tal manera que,

cuando mueras, sonrías, y los demás te lloren.

Anónimo

Vive como al momento de morir quisieras haber vivido.

Confucio

El niño nace con una necesidad de ser amado, que no se extingue con la edad.

Anónimo

To be young is to have ideals and to struggle to attain them. It is to dream of the future that one works in the present.

It is to always have:

> *something to do,*
> *something to create,*
> *something to give.*

Anonymous

When you are born, you cry, and those around you, smile.

Live in such a way that,

when you die, you smile, and those around you, cry.

Anonymous

Live the way you wish you had lived, at the moment of your death.

Confucius

Babies are born with the need to be loved, and this need is not extinguished with age.

Anonymous

En recuerdo mío *

El día llegará en que un médico comprobará que mi cerebro ha dejado de funcionar y que mi vida en este mundo ha llegado a su término.

Cuando tal cosa ocurra, no intentéis infundirle a mi cuerpo una vida artificial con ayuda de alguna máquina, y no digáis que me hallo en mi lecho de muerte. Estaré en mi lecho de vida y ved que este cuerpo sea retirado para contribuir a que otros seres humanos hagan mejor vida.

Dad mis ojos al infeliz que jamás haya contemplado el amanecer, que no haya visto el rostro de un niño o la luz del amor en los ojos de una mujer.

Dadle mi corazón a alguna persona a quien el propio, sólo le haya valido interminables días de sufrimiento.

Mi sangre dadla al adolescente rescatado de su automóvil en ruinas, a fin de que pueda vivir hasta ver a sus nietos retozando a su lado.

Dad mis riñones al enfermo que debe recurrir a una máquina para vivir de una semana a otra.

Para que un niño lisiado pueda andar, tomad la totalidad de mis huesos, todos mis músculos, las fibras y los nervios de mi cuerpo.

Hurgad en todos los rincones de mi cerebro. Si es necesario tomad mis células y haced que se desarrollen, de modo que algún día un chico sin habla, logre gritar con entusiasmo al ver caer un gol, y una muchachita sorda pueda oír el repiquetear de la lluvia en los cristales de la ventana.

Lo que quede de mi cuerpo, entregadlo al fuego y lanzad las cenizas al viento para contribuir al crecimiento de las flores.

Si algo habéis de enterrar, que sean mis errores, mis flaquezas y todo mis prejuicios contra mi prójimo.

Si acaso quisierais recordarme, hacedlo con una buena obra y diciendo alguna palabra bondadosa a quien tenga necesidad de vosotros.

Si hacéis todo lo que pido, viviré eternamente.

Anónimo

In my memory

The day will come when a doctor will confirm that my brain has stopped functioning and that my life in this world has definitely reached its end.

When this happens, do not try to feed artificial life into my body with the help of some machine, and do not say that I'm on my death bed. I will be in my life bed and see that my body is disposed of in order to help other human beings have a better life.

Give my eyes to an unfortunate who never saw a sunrise, who never saw the face of a child or the light of love in the eyes of a woman.

Give my heart to someone whose own heart has only given him endless days of suffering.

Give my blood to the teenager who has been rescued from his wrecked car, so that he may live to see his grandchildren romp at his side.

Give my kidneys to a patient who, week after week, must use a machine to stay alive.

To help a crippled child walk, take all of my bones, all of my muscles, all the fibers and nerves of my body.

Probe into all the corners of my brain. If it is necessary, take my cells and make them grow, to enable a boy who cannot talk, to yell with enthusiasm when someone scores a touchdown, and to allow a deaf girl to listen to the pitter-patter of the rain on the window panes.

Whatever remains of my body, throw it to the fire and scatter the ashes in the wind, in order to help the flowers grow.

If you must bury something, bury my errors, my weaknesses and all of my prejudices against my fellow humans.

If you want to remember me, do so through a good deed and speak kind words to someone who needs you.

If you do all that I ask, I will live eternally.

Anonymous

A los ochenta y cinco años...

Una anciana de ochenta y cinco años estaba siendo entrevistada con motivo de su cumpleaños.

La periodista le preguntó qué consejo daría a otras personas de su edad.

--Bueno, --dijo la anciana--, a nuestra edad, es muy importante no dejar de usar todo nuestro potencial; de lo contrario, éste se marchita. Es muy importante estar con la gente y, siempre que sea posible, ganarse la vida prestando un servicio. Eso es lo que nos mantiene con vida y salud.

--Puedo preguntarle: ¿qué es lo que hace para ganarse la vida a su edad?

--Cuido de una anciana que vive en mi barrio--, fue su inesperada y deliciosa respuesta.

Anthony de Mello

La belleza física es pasajera.

La de la inteligencia y la del carácter, por el contrario, adquieren siempre nuevos atractivos en el curso de los años.

Anónimo

At eighty five *

An eighty-five-year-old woman was being interviewed on her birthday.

What advice would she have for people her age, the reporter asked.

--Well-- said the old dear--, at our age it is very important to keep using all of our potential or it dries up. It is important to be with people and, whenever possible, to make one's living through rendering a service. That is what keeps us alive and well.

--May I ask you what exactly you do to earn a living at your age?

--I take care of an elderly lady who lives in my neighborhood--, was her unexpected and delightful reply.

Anthony de Mello

Physical beauty is fleeting.

Beauty of intellect and character, however, always acquires new attraction over the course of the years.

Anonymous

En paz *

Muy cerca de mi ocaso,
yo te bendigo, Vida,
porque nunca me diste ni esperanza fallida,
ni trabajos injustos, ni pena inmerecida.

Porque veo al final de mi rudo camino,
que yo fui el arquitecto de mi propio destino;

Que si extraje las mieles o la hiel de las cosas,
fue porque en ellas puse hiel o mieles sabrosas:
cuando planté rosales, coseché siempre rosas.

… Cierto, a mis lozanías va a seguir el invierno:
¡mas tú no me dijiste que mayo fuese eterno!

Hallé sin duda largas las noches de mis penas;
mas no me prometiste tú sólo noches buenas,
y en cambio tuve algunas santamente serenas…

Amé, fui amado, el sol acarició mi faz.

¡Vida, nada me debes!
¡Vida, estamos en paz!

Amado Nervo

Yo moriré, pero mi obra quedará.

Horacio

In peace

Now, close to my death,
I bless you, Life,
because you never gave me false hope,
nor unjust work, nor undeserved pain;

Because now, at the end of my harsh road,
I can see that I was the architect of my own destiny;

That if I ever took the sweet or the bitterness out of things,
it was because I put bile or delicious honey in them:
when I planted roses, I always harvested roses.

... Indeed, after my youth, winter will follow;
but you never told me that May was eternal!

I found, indeed, my nights of suffering long;
but you never promised me only pleasant nights,
and I did have some saintly serene ones...

I loved, I was loved, the sun caressed my face.

Life, you owe me nothing!
Life, we are at peace!

Amado Nervo

I will die, but my work will endure.

Horace

In this anthology, (chrestomathy), brief segments of the following works have been used:

En esta antología, (crestomatía), se han utilizado breves fragmentos de las siguientes obras:

Alas cortadas y	
El profeta	Gibrán Jalil Gibrán.
El Quijote de la mancha	Miguel de Cervantes Saavedra.
Plenitud	Amado Nervo.
El pequeño gran hombre	Emilio Rojas.
El manantial,	
La oración de la rana y	
El canto del pájaro	Anthony de Mello.
Desiderata	Max Ehrmann.
Poemas	Alfonsina Storni.
The treasure chest	Charles L. Wallis.
All I really need to know	
I learned in kindergarten	Robert A. Fulghum.
Hamlet	William Shakespeare.
Man and Superman	George Bernard Shaw.
Ser o no ser	Erich Fromm.
I'm with you always	Douglas Bloch.
Chop wood, carry water	Rick Fields.
Juan Salvador Gaviota	Richard Bach.
Ballata delle barache e altre poesie	Franco Buffoni.
Riches for the mind and spirit	John Marks Templeton.
2000 pensamientos de grandes filósofos	Martín Alvarado Rivera.
Tao Te Ching	Gia-fu Feng y Jane English.
Footprints	Margaret Fishback.

Also, thoughts and maxims that I have received without any reference, as a contribution of people that want to share their findings.

Además, pensamientos y máximas que me han llegado sin referencia alguna, como una aportación de personas que desean compartir sus hallazgos.

Índice de autores   Index by Author

AN EXCEPTIONAL GIFT. UN REGA-
LO EXCEPCIONAL, quedó totalmente
impreso y encuadernado el 30 de
noviembre de 1994. La labor se realizó
en los talleres del Centro Cultural EDA-
MEX, Heriberto Frías 1104, Col. del
Valle, México 03100. Se hicieron 3,000
ejemplares.

CALIDAD TOTAL